【博学天下】 ZHONGGUODILITUJIAN

中国地理图鉴

吉林美术出版社

图书在版编目(CIP)数据

中国地理图鉴 / 崔钟雷主编. -- 长春: 吉林美术
出版社, 2008.01 (2015.05 重印)
(博学天下)
ISBN 978-7-5386-2501-1

Ⅰ. ①中… Ⅱ. ①崔… Ⅲ. ①汉语拼音 - 儿童读物
Ⅳ. ①H125.4

中国版本图书馆 CIP 数据核字 (2009) 第 012351 号

书　　名：中国地理图鉴

策　　划　钟　雷
主　　编　崔钟雷
副 主 编　王丽萍　杨黎明　代文秀
出 版 人　赵国强
责任编辑　栾　云
装帧设计　稻草人工作室
开　　本　889mm×1194mm　1/16
字　　数　100 千字
印　　张　7
版　　次　2015 年 5 月第 2 版
印　　次　2015 年 5 月第 2 次印刷

出　　版　吉林美术出版社
发　　行　吉林美术出版社
地　　址　长春市人民大街 4646 号
　　　　　邮编：130021
电　　话　0431-86037886
网　　址　www.jlmspress.com
印　　刷　三河市燕春印务有限公司

ISBN 978-7-5386-2501-1　　定价：29.80 元

　　5 000 年的光辉历史孕育了博大精深的中华文明，自然母亲的造化神工为我们创造出千姿百态的地理风貌，多种多样的民俗风情构成了浓郁的地方人文特色，珍贵的文物建筑又成为我们伟大祖国永久的文化旅游资源。当我们用一双发现的眼睛和一颗容易感动的心融入历史，融入自然，我们得到的是愉悦，是赞叹，是感动；在自然母亲的神力和先辈的智慧面前，我们真的不得不俯下身来，在体味的同时，学习景仰。

　　在我们的一生中，有太多壮观秀丽的自然奇观等待我们去欣赏；有太多未知地域的迷人魅力吸引我们走上旅途；有太多文化积淀与风土人情在期盼着我们前去拜访；还有太多的地理名胜概况需要我们去学习与了解；也许还有很多很多我们至今没有发现的奇异景观等待我们去探索与发现……在这些美景面前，我们或许真的要感叹人生苦短了。

　　在我们的心里永远存有一个美丽祖国，她的美丽在于她的历史积淀，在于她的秀丽端庄，在于她的博大深沉。本书从中国地理概况入手，全面介绍了中国的各种地理概况，精心选择了中国著名的旅游观光胜地数百处，通过近 600 幅精美的实地图片，全景再现了中国著名风景区的绚丽风光与历史文化底蕴，向读者全面而生动地介绍了我国各个旅游胜地悠久的人文历史、绝美的自然风光与浓厚的乡土人情。让敬爱的读者如身临其境般地感受桂林山水、黄山云海、蓬莱仙境、玉宇琼楼……在美妙的彩色图文世界中，让我们一起用眼睛进行一次美丽的旅行。

编　者

2008 年 1 月

目录
CONTENTS

BEIJINGSHI 北京市

北京是中华人民共和国的首都,简称京。面积约 1.7 万平方千米,是全国政治、文化、交通和对外交往的中心,辖 16 区 2 县。这里居住着许多民族,包括汉、回、满、蒙古族等。

北京是一座历史悠久的文化名城。从 12 世纪中叶至今近 800 年间,金、元、明、清等各朝代都将北京作为都城。北京现存有大量的明、清宫苑、坛、庙等古建筑群,其数量居全国之首。北京又是具有光荣革命传统的城市,1919 年, 这里爆发了"五四"爱国运动;1949 年 10 月 1 日,在北京的天安门广场举行了中华人民共和国的开国大典。

今日的北京城既保留了老北京独有的风貌,又具备了新时代的特征。

北京市位于华北大平原西北端、燕山以南,西部和北部是连绵不断的群山,东南为一片低缓的平原。北京市中心海拔为 43.71 米,属典型的温带半湿润大陆性季风气候。纵观北京地形,极像一个半封闭的海湾,因此人们称之为"北京湾"。湾内地形西北高东南低,平原占 38%,山地占 62%。北京境内的主要河流有永定河、潮白河、北运河等。

北京市景观概述

北京是国家历史文化名城,全国重点文物保护单位有 97 处,居全国前列。长城创始于战国,大部分建于明代,蜿蜒于北方崇山峻岭之中,长达 6 300 千米。故宫是世界最大的宫殿群,而颐和园、天坛等名胜,也被列入《世界遗产名录》。此外,北京还是我国的交通中心,公路、铁路、民航交通线四通八达,成为全国交通的枢纽。

天安门广场

天安门广场位于北京市城区中心,是世界上最大的广场。天安门广场南北长 880 米,东西宽 500 米,面积 44 万平方米,可容纳 100 万人集会。我国的"五四"运动、"一二·九"运动和中华人民共和国的开国大典等重大历史事件都发生在这里。天安门广场凭借着特殊的地位、丰富的历史内涵、极高的知名度,吸引了千千万万海内外游人。广场北端是天安门城楼,南端是正阳门,西侧是人民大会堂,东侧是中国国家博物馆,中央矗立着人民英雄纪念碑和毛主席纪念堂。天安门广场以其壮丽开阔、宏伟庄严的雄姿闻名于世。

天安门城楼

天安门城楼始建于明永乐十五年(1417 年),当时称为"承天门",象征皇帝"奉天承运"、"受命于天"之意。当时的天安门城楼只是一座三层重檐的木质结构牌楼,规模比现在小很多。清顺治八年(1651 年),它被重新修建,定名"天安门",含"外安内和、长治久安"之意,这个名称一直沿用到现在。

天安门城楼坐落在 10 多米高的红色墩台上,通高 33.7 米。城楼雕梁画栋,重檐飞翘,红墙黄瓦,蔚然壮观。金水河位于城楼下,5 座

天安门广场是世界上最大的市内广场,经过几次大规模改建,形成了一个宏伟、庄严、广阔、明朗的新广场。

在明清两朝,天安门是禁地,它是紫禁城的大门。城台上有 5 个拱形门洞,中间一个最大,当时只有皇帝才能通行。

雕琢精美的汉白玉桥横跨在河上,两对雄健的石狮和一对挺秀的华表耸立在桥前。

明清时,天安门是朝廷举行诸如登基、册立皇后等重大庆典时进行"颁诏"的地方。在天安门举行的最后一次"颁诏"仪式是在宣统三年(1911 年)十二月二十五日,隆裕太后颁布溥仪退位诏。

1949 年 10 月 1 日,毛泽东主席登上天安门城楼,向全世界宣告中华人民共和国成立。从此以后,天安门就成了新中国的象征,我国国徽上也有天安门的图形。

故宫

故宫在北京市城区中心,旧称"紫禁城",是明、清两个朝代的皇宫,是当今世界上规模最大、建筑最宏伟、保存最完整的古代宫殿建筑群。故宫始建于明永乐四年(1406 年),历时 14 年建成,迄今已有近 600 年的历史了。这里先后有 24 位皇帝登基执政,其中明代 14 位,清代 10 位。

故宫呈长方形,南北长 961 米,东西宽 753 米,总面积约 72 万平方米,殿宇重重错落,楼阁鳞次栉比,雕梁画栋,金碧辉煌,原有殿堂 9 000 多间,现存 8 700 多间。四周筑有高 10 米、总周长约 3 500 米的紫红色城墙,城四角各有一座精巧的角楼。故宫设城门 4 座,南为午门,北为神武门,东为东华门,西为西华门。城墙外环绕着长 3 800 米、宽 52 米的护城河。

故宫的布局是按"前朝后廷、左祖右社"的古时皇城规划设计建筑的,"前朝"以太和殿、中和殿、保和殿三大殿为中心,宏伟壮丽、气势磅礴。

3

天津市

TIANJINSHI

天津原名直沽,明朝初年改称为天津。

天津市地处华北平原的东北部,海河五大支流汇合入渤海口处。天津东临渤海,北依燕山,西靠首都北京,南北均由河北怀抱。天津距北京 120 千米,是巩卫京畿的要地和与外界沟通的门户,素有"九河下梢"、"河海要冲"之称。

天津市是中国北方最大的沿海开放城市,素有"渤海明珠"之称。天津属暖温带半湿润季风气候,四季分明,年平均气温在 12℃左右。7 月气温最高,在 26℃以上,1 月气温最低,在–4℃以下。年降水量为 500 毫米~700 毫米。春、秋两季是游览的最好季节。

天津市景观概述

TIANJINSHIJINGGUANGAISHU >>>>>

天津市简称津,是首都北京的门户,为中央4个直辖市之一。它是华北最大的水陆交通枢纽和经济中心,总面积为1.2万平方千米,辖18个区县。生活着汉、回、蒙古、满、朝鲜、藏等30多个民族。

大沽口炮台

大沽口炮台位于天津市东南约60千米的海河入海口,这里是天津海防要隘。大沽口炮台建于明代,清咸丰八年(1858年)重修。共有大炮台5座(南岸3座,北岸2座),以"威、镇、海、门、高"5字命名,每台置放3尊大炮。第二次鸦片战争和清光绪二十六年(1900年)抗击八国联军时,爱国士兵和义和团战士曾在此与敌人浴血奋战。光绪二十七年清政府与八国联军签订《辛丑条约》,规定拆毁大沽口炮台,然而唯独南岸"海"字中炮台没有被毁,至今保存完好,成为中国人民反抗侵略者的重要遗址。炮台濒海,游人可远眺海景。

独乐寺

独乐寺是我国古代木结构建筑的代表作,它又称大佛寺,在蓟县城西门内。独乐寺始建于唐代,辽统和二年(984年)重建。观音阁和山门是独乐寺的主体建筑。

山门屋顶是中国现存最早的庑殿顶山门,殿高约10米,五脊四坡顶,檐角如飞翼。观音阁高23米,其列柱、斗拱、梁枋等筑殿木物数以千计,但其衔接不用一枚铁钉,而全部是凿木构吻。据记载,独乐寺曾经历过28次地震,其中破坏性强震有3次,除观音阁未遭破坏以外,其余房屋建筑都倒坍了,中国现存最早的木结构高层楼阁当属独乐寺。阁内观音像高16米,慈眉善目,端庄秀丽,衣带飘逸,神采奕奕。10个小佛头位于观音头顶,故这座观音像称"十一面观音"。胁侍菩萨位于十一面观音的两侧,它们与山门内的天王像都是辽代彩塑珍品。观音阁下层的四壁布满了彩色壁画,内容为十六罗汉、三头六臂明王像,间绘山林云水和世俗题材画,明万历、清顺治、乾隆、光绪年间,这些彩绘都曾得以重修。每年农历三月,方圆百里的善男信女,都会来这里烧香拜佛。

保存完好的南岸"海"字中炮台中的一门门大炮,在提醒着游人们不要忘记那段历史。

5

河北省

河北省简称冀，面积近 19 万平方千米，人口 6 822 万(2005 年)，因位于黄河下游以北而得名。河北省下辖 11 个地级市、22 个县级市、108 个县、6 个自治县。这里居住着汉、满、回、蒙古、朝鲜等民族。省会设在石家庄市。

古时河北省是九州之一的冀州地，春秋战国时是燕、赵等国属地。汉晋时这里设冀、幽二州，唐为河北道。元、明、清时这一地区分别隶属于中书省、直隶省和京师。因河北省在京城周围，所以，河北省在元、明、清三代又被称为京畿。

河北省环抱首都北京，东与天津市毗连，并紧傍渤海，东南部、南部衔山东、河南两省，西倚太行山与山西省为邻，西北部、北部与内蒙古自治区交界，东北部与辽宁接壤。河北省地势西北高、东南低，由西北向东南倾斜。地貌复杂多样，高原、山地、丘陵、盆地、平原类型齐全，小五台山为全省最高峰。

河北省属暖温带半湿润季风气候，大部分地区四季分明。1月平均气温在3℃以下，7月平均气温20℃～27℃。冬日寒冷少雪，春日干燥，风沙盛行，夏日炎热多雨，秋日晴朗，冷暖适宜。

河北省景观概述

河 北省是中国的历史文化名省。自然景观名胜众多。河北省被列为全国重点文物保护单位的建筑及景点达 163 处，其中著名的古建筑有承德避暑山庄、外八庙、清东陵、清西陵等。

石家庄市

河北省石家庄市是一座新兴的工业城市，主要工业有纺织、机械、化工，同时还是一座旅游文化城市。市内有华北烈士陵园，伟大的国际主义战士白求恩和柯棣华大夫的陵墓就设在陵园内。西柏坡中共中央旧址、赵州桥、隆兴寺等9处名胜已列为国家级文物保护地，苍岩山、嶂石岩为国家重点风景名胜区……石家庄市的旅游业很有发展潜力。

苍岩山

苍岩山位于河北省井陉县境内，距石家庄约80千米，是一座旅游名山，集幽、险、秀、奇于一体。从山脚沿石涧入山，蜿蜒前行，有石磴道360余级，拾级而上，如缘梯入云。沿路白檀茂密，怪石嶙峋。此山崇峰峻岭、古木参天，祠堂遍布，殿宇巍峨。桥楼

苍岩山是一座旅游名山，集幽、险、秀、奇于一体。桥楼殿建在两壁断崖处，由山谷向上望去，桥楼殿若隐若现在云中，使人如身临仙境。

殿、公主祠、万仙堂、藏经楼、峰回轩是其主要名胜古迹。这些殿宇建于断崖险壁之上，飞檐斗拱，雕梁画栋，隐现于白云之间，游览时使人有身临仙境之感。

相传，隋炀帝之女南阳公主因不满父皇的骄侈纵欲，而被隋炀帝判了死罪。由于朝臣强力劝谏，南阳公主才被赦免了死罪，她逃离皇宫，打算隐居修行，不料隋炀帝因为后悔而派人追杀她。南阳公主几次险些遇害，后来在农民义军首领窦建德的帮助下，她才来到苍岩山，削发为尼，并在这里度过了62个春秋，这便是公主祠的由来。

桥楼殿建在两壁断崖处。桥为单孔弧形石桥，殿建于桥上，九脊重檐，由山谷向上望去，桥楼殿若隐若现在云中，因此，桥楼殿自古就被称为"桥殿飞虹"。

由于苍岩山雄伟险拔，磅礴秀美。所以有诗赞曰："五岳奇秀揽一山，太行群峰唯苍岩"。

赵州桥

赵州桥原名安济桥，坐落在河北省赵县城南的洨河之上，西北距石家庄45千米。赵州桥建于隋代，距今已有1 400多年的历史，是我国乃至世界上现存最古老、保存最完好的敞肩式石拱桥。

赵州桥是由隋代著名工匠李春和多位石匠集

体设计与建造的。这座敞肩式单孔弧形石拱桥，全长50.82米、宽10米，由28道独立石拱纵向并列砌筑，每道石拱用40块长厚各1米、重约1吨的石条组成。桥跨径37.02米，拱矢高7.23米，大拱两端双肩上各设两个小拱，既可减轻桥身重量，又可减少水流冲击力，加速泻洪。这种拱肩加拱的敞肩拱，在我国及世界桥梁史上都是一种创举。桥面两侧有42块雕刻龙兽浮雕的护栏板，并有竹节形望柱44根，中间数个形态逼真的狮首像，桥上还有诸多其他精致的饰物。整座石桥的造型、结构、石雕和点缀性建筑都具有极高的艺术性。远远望去，赵州桥宛如"初月出云，长虹饮涧"。现在它已是我国重点保护的文物。

相传桥建成时，八仙中的张果老同柴王爷从桥上走过，张果老毛驴上的褡裢里装着日月星辰，柴王爷的小车上推着三山五岳，石桥虽经受住了巨大压力，但却留下了车道沟、驴蹄印。现在桥附近辟有石桥公园，望楼上挂有"天下第一桥"匾额，园内建有展览馆，馆前有李春雕像，馆内陈列着隋唐以来历代石雕桥梁栏板原物，世界上各国古代石桥建筑的模型展览也已经向游人开放。

> 🌸 远远望去，赵州桥宛如"初月出云，长虹饮涧"。桥面两侧有42块雕刻龙兽浮雕的护栏板，中间数座形态逼真的狮首像，使整座石桥建筑具有了极高的艺术性。

承德市

承德位于河北省东北部，地处内蒙古高原与华北大平原的过渡地带，距北京 210 千米，是从东北方向进入北京的重要门户。

承德清初名为热河上营，当时这里是只有几十户人家的小村庄。康熙和乾隆年间，皇帝为了避暑和从事各种政治活动，在这里大兴土木，建造了避暑山庄和外八庙，使这里逐步发展成为一座兼具北国风光与江南景色的山城。

承德市东西长 7 千米、南北平均宽仅 2 千米，市区人口约 34 万。城市中心海拔 320 米～350 米，四周群山环抱，犹如一道天然屏障，抵挡了冬季来自蒙古高原的寒风，全年有一半时间处于静风状态，7 月份平均气温比北京低 2℃～3℃。

承德是中国历史文化名城之一，承德避暑山庄和外八庙于 1994 年被联合国教科文组织正式批准为世界文化遗产。

避暑山庄

避暑山庄位于承德市北近郊，又称热河行宫或承德离宫，是清帝王避暑和处理朝政的离宫，始建于康熙四十二年（1703 年），历时 87 年，到乾隆五十五年（1790 年）才宣告竣工。园林面积 560 余万平方米，接近颐和园的 2 倍，是清王朝鼎盛时期营造的最长、规模最大的皇家园林。山庄宫苑合一，宫殿古朴典雅，与京、沈故宫大相径庭，苑景由湖、平原、山峦 3 个景区组成，水乡园林、平野草原和山区斋堂诸般景色兼而有之，山庄共有 184 处著名景点，其中康熙、乾隆御题景点 72 处。

山庄宫墙随山势起伏而筑，气势宏伟，长达 10 千米。园内建筑形式多种多样，如楼台廊庑、桥亭轩榭、寺观塔碣，各种建筑与自然景物相映成趣。

从清康熙至咸丰皇帝长达一个半世纪的时间里，这里实际上是清政府的第二个政治中心。乾隆四十五年，六世班禅自西藏来山庄祝寿，乾隆即在此接见并赐茶于四知书屋。

文津阁是清代四大图书馆之一，这里曾藏《四库全书》以及经、史、子、集分类，共收书 3 503 种，79 337 卷、363 万册，是一份极有价值的文化遗产。弘历（乾隆皇帝）在《文津阁记》中写道："欲从支脉寻流，以溯其源，必先在乎知其津。"此句即含有"文津"之意。文津阁于乾隆三十九年（1774 年）建成，1954 年重建。仿照浙江明代建筑的"天一阁"，外观为两层，实际是三层，阁中辟一暗层，这样阳光不能直射到藏书库。室内油漆彩画也很考究，深绿色的柱子，蓝色封套卷册，白色的书端，都以冷色为主，给人以宁静的感觉。

文津阁前挖一水池，是取汉朝郑玄注疏《易经》中"天一生水"之意。池前筑有一座假山，长 30 多米，其造型奇特，构思巧妙。

承德避暑山庄是中国古代专为帝王修建的夏季行宫。山庄中亭台楼阁，小桥流水，植物茂盛，景色怡人，是消暑度假的首选之地。

9

白洋淀

白洋淀位于保定市东约 45 千米处,是华北平原上最大的淡水湖,总面积 336 平方千米。淀区内共有 36 个村庄,8 000 平方千米,143 个淀泊。河淀相连、沟濠纵横、苇田星罗棋布,成为中国特有的一处自然水景风光。

白洋淀中有自然形成的千亩荷花淀,这里的荷花有粉、白两种颜色,每年农历 5 月~8 月份荷花盛开,香气四溢。

木兰围场

木兰围场又称塞罕坝国家森林公园,位于河北省最北的围场县境内,这里原是清代皇帝狩猎的场所。木兰,满语意为"哨鹿",故木兰围场又有"哨鹿之所"的称号。围场包括机械林场、御道口牧场、红山军马场几大块,场内水丰草美,物产丰富,牛羊成群,鹿跑鹰飞,蛙鸣鸟叫。每年 6 月~7 月间,山花烂漫,争奇斗艳;秋季,麋鹿、黄羊等野生动物时常成群出现,这里已成为它们的栖身的场所,嬉戏的乐园。

☀ 白洋淀是华北平原上最大的淡水湖,河淀相连、沟濠纵横、苇田遍布,犹如缀星满天,是中国特有的一处自然水景风光。

建筑,显出一片安静肃穆的氛围。拱桥流水,楼宇亭阁,静潭倒影,配以鳞次栉比的东陵楼宇殿庙

山西省
SHANXISHENG

山西省简称晋,位于华北平原以西,黄土高原的东部,西屏吕梁山,东障太行山,中为晋中盆地。全省面积约16万平方千米,人口3294万(2005年),有汉、回、蒙古、满等民族,省会太原。

山西省大部分地区在海拔1000米以上。地面多覆盖厚厚的黄土。西部山地以吕梁山脉为主,海拔在1500米~2000米之间,北部较高,北端有著名的长城重要关口——杀虎口。中部有大同、忻州、太原、临汾、运城等城市。东部山地以太行山脉为主,有恒山、太白山、五台山、太岳山、中条山等,海拔在1500米左右。太行山有"太行八陉",为山西和华北的交通孔道,还有娘子关、雁门关、平型关等重要关口。本省属温带半干旱季风气候,由于地势较高,东、南又有山岭阻隔,比邻近的华北平原气温低,降水少,冬季较长,夏无酷暑。年平均降水量400毫米~500毫米,从南向北递减。河流可分为黄河、海河两大水系。黄河流经本省西部,成为与陕西的界河,在穿越吕梁山南端时,形成著名的壶口瀑布;龙门急流,在晋、豫交界处形成三门峡。汾河贯穿本省中部,全长约694千米,是黄河第二大支流。省内湖泊较少,运城的解池为本省最大湖泊,是一古老的内陆盐湖。

山西是我国文化发祥地之一,有悠久的历史和文化传统。有四大佛教圣地之一的五台山,四大石窟之一的云冈石窟,还有北岳恒山、壶口瀑布、太原晋祠、应县木塔等名胜古迹。

山西省景观概述

SHANXISHENGJINGGUANGAISHU ▶▶▶▶▶

> 三晋大地历史悠久,名胜众多。太原晋祠为古晋王祠,附近还有天龙山石窟;著名的大同云岗石窟驰名中外,应县木塔巍然屹立;五台山、恒山、北五当山等都是国家重点名胜区。

太原市

太原是历史悠久的古城,最早称晋阳,创建于公元前497年之前,距今已有2400多年的历史。战国时期,晋阳曾是赵国的都城,东汉时期,是并州的首府,故太原简称"并"。东魏、北齐时期,晋阳始终保持着"别都"的地位,唐代,对晋阳大加扩建,称为"北都"。晋阳古城于宋太宗太平兴国四年(979年)

古木松柏,群山环绕,亭台楼阁,水流潺潺,游人如织。美丽的晋祠仿佛是一个"淡妆浓抹总相宜"的美人,盛情地欢迎着来自四面八方的游客。

毁于战火,现在的太原是在宋代(982年)晋阳城北的唐明镇的基础上扩建而成的,距今已有千年历史。

太原有不少名胜古迹,市内有崇善寺、纯阳宫,城东南有双塔寺,城西南有晋祠和天龙山石窟,城西北有兰村窦大夫祠、多福寺等。

晋祠

晋祠位于太原市西南25千米的悬瓮山麓。它由近百座殿、堂、楼、阁、亭、台、桥、榭组成。这里山环水绕,古木参天,风景优美,是太原郊区最有名的古迹胜地,为国务院公布的全国重点文物保护单位之一。

晋祠初建年代已不可考,是后人为纪念西周初年(公元前11世纪)周武王次子——晋国开国君主姬虞而建,因封号唐,所以叫唐叔虞祠。该祠因地处晋水之源,又名晋祠,距今已有1500多年的历史。

进入晋祠,首先看到的是水镜台,再往前,就是金人台。金人台上面立着四尊2米多高的铸铁人,除东北角一尊为1913年补铸外,其余3尊都是北宋时期铸造的。虽历经风雨侵蚀,铁人仍锃亮不锈。铁为金属,人们便称之为金人台。

"鱼沼飞梁"位于圣母殿前,与圣母殿同时施工建成。鱼沼即方形鱼池,沼上架十字形桥,取名飞梁。沼中立八角石柱34根,桥面东西隆起如鸟的身躯,连接圣母殿;南北舒展下斜如鸟的两翼,形成左右通

晋祠仿佛是三晋大地上的一颗璀璨的文化明珠，千百年来用它独特的建筑风格，优美的自然环境，点缀着祖国大地，为中华文化添上浓墨重彩的一笔。

道。此桥造型独特，为国内现存古桥中的孤例。

圣母殿是供奉周武王王后——太公姜子牙的女儿、姬虞之母邑姜的祠堂，是晋祠最古老的木构建筑，创建于北宋天圣年间（1023～1032年），是宋代殿宇中的代表作。这座殿宇，周有围廊，前廊深两间，采用减柱法，这种营造方式，为国内现存建筑中最早的实例。殿前柱上的宋代木雕蟠龙，也是中国

现存最早的木雕艺术品。祠堂内邑姜居中端坐，面目丰满，神态庄严，凤冠霞帔，雍容华贵，表现出帝王后妃们的奢华和威严。圣母两侧有42尊侍从像，大小近似真人，神态自然逼真，是古代泥塑艺术中的珍品，具有极高的艺术价值。

"难老泉"地处圣母殿南侧。这里水流淙淙，流经千年，畅涌不断。北齐时，取诗经中"永锡难老"含义，命名"难老泉"。泉水温度常年保持在17℃。

"卧龙周柏"在圣母殿北侧。这株柏树已有千年，形若卧龙，树叶葱郁，虽老犹旺。人们称周柏、难老泉和侍女像为"晋祠三绝"。

《晋祠之铭并序》碑在祠内北侧，是贞观二十年（646年）唐太宗李世民撰写的，全碑1 200多字，书法骨骼雄健，笔力奇逸，含有王羲之书法之神韵，是书法艺术中的珍品。

奉圣寺在晋祠的最南部。这里曾是唐代大将尉迟敬德的别墅，有挂甲树仍立于院中。奉圣寺北有舍利塔，高38米，为七级八角形。登塔远望，晋祠全景尽收眼底，村庄、田野一览无遗。

内蒙古自治区

内蒙古自治区总面积为 118.3 万平方千米, 北与蒙古国、俄罗斯接壤, 东面连接着黑龙江、吉林、辽宁, 西邻甘肃, 南面是河北、山西、陕西、宁夏。内蒙古下辖 3 个盟、9 个地级市、49 个旗、3 个自治旗、11 个县级市、17 个县。除蒙古族外, 还有汉、朝鲜、满、回、达斡尔等民族。自治区首府为呼和浩特。

内蒙古自治区由于位置偏北, 地势较高, 距海较远, 冬季少雨雪, 严寒干燥, 一般从 11 月至次年 3 月, 有 5 个月的寒冷期, 大兴安岭北部地区可长达 8 个月。冬季各月平均温度都在 0℃ 以下, 大兴安岭北部地区的漠河绝对低温曾达 -50℃, 是我国的寒极地之一。春季短暂、多风。夏天除大兴安岭北端外, 一般都有 2 个月以上的凉爽宜人的"黄金季节", 雨量主要集中在夏季。

内蒙古自治区景观概述

地处北域边疆的内蒙古自治区有全国重点文物保护单位59处，呼和浩特、包头一带召庙云集，有大召寺、小召寺、五塔寺、包头五当召、乌素图召、百灵庙等。另外还有昭君墓和成吉思汗陵，它们都是具有历史和文化双重意义的古迹，这些文物的魅力将吸引无数游人前来欣赏和体验。

呼和浩特市

呼和浩特位于内蒙古自治区的中部，为自治区的首府。"呼和浩特"在蒙语中意为"青色的城"。它是中国历史文化名城，16世纪，蒙古封建主阿拉坦汗率部驻牧此地，与其夫人三娘子大兴土木建城，明王朝赐名"归化"。清康熙年间，在城东北另筑军队驻防城，命名为"绥远城"，作屯兵之用。1954年废除旧名，恢复蒙古民族本来的城名——呼和浩特。

呼和浩特具有发达的畜牧业，是我国重要的毛纺基地，而且文物古迹众多，拥有独具特色的旅游资源。名胜古迹有昭君墓、万部华严经塔等。

成吉思汗陵

成吉思汗陵园位于内蒙古伊金霍洛旗。成吉思汗（1162～1227年），名铁木真，后世尊称为元太祖。他经过多年征战统一了蒙古各部。1206年，他被推为大汗，称成吉思汗，建立了蒙古汗国。

成吉思汗陵周边草肥水美，牛羊壮硕，树木林立，成吉思汗陵隐没其中，若隐若现，呈现出一片平静详和的景象。

15

嘎仙洞

嘎仙洞位于鄂伦春自治旗阿里河镇以北 9 千米处，洞深 92 米，宽约 28 米，穹顶高达 20 余米。洞内如一座大厅，可容纳千人。洞内石壁上有北魏皇帝拓跋焘祭祖时派人刻下的祝文，全文共 201 字，是呼伦贝尔市唯一的国家级重点文物保护单位。

嘎仙洞可谓壁立千仞，气势宏大，周围草木茂盛，怪石嶙峋，景色十分迷人。

HEILONGJIANGSHENG 黑龙江省

黑龙江简称黑，全省面积为 46 万多平方千米。下辖 1 个地区、12 个地级市、18 个县级市、45 个县、1 个自治县。在这里生活的主要有汉、满、回、朝鲜、蒙古、鄂温克、达斡尔等民族。省会为哈尔滨。

黑龙江省位于我国最东北部,北部、东部以黑龙江、乌苏里江为界,与俄罗斯相望;西部与内蒙古自治区毗邻;南部与吉林省接壤。黑龙江省地形复杂,西北部有大兴安岭山地,北部有小兴安岭山地,东南部有张广才岭、老爷岭、太平岭和完达山等山地,西南有嫩江、松花江从西南斜至东北贯穿全省,形成东北部三江平原、西南部松嫩平原。

黑龙江省属于温带湿润季风气候,是我国气温最低的省份。冬季漫长严寒,1 月平均温度为 –31℃ ～ –15℃,极端最低温 –52.3℃(漠河)。春季温暖、短促、多雨,7 月温度为 18℃ ～ 23℃,极端高温 41.6℃(泰来)。省内南北温度差异明显,大兴安岭北部属寒温带,冻土深厚,无霜期不足 3 个月;东西降水差异也很明显,东部年降水量 600 毫米以上,向西递减,平原西南部年降水量仅 400 毫米左右。

黑龙江省景观概述

山环水绕的黑龙江省状似天鹅,一派壮美的北国风光。黑龙江省的名胜主要分布在哈尔滨、牡丹江镜泊湖、齐齐哈尔和五大连池一带,哈尔滨更是夏日消暑、冬日赏雪、观冰灯的绝佳去处。

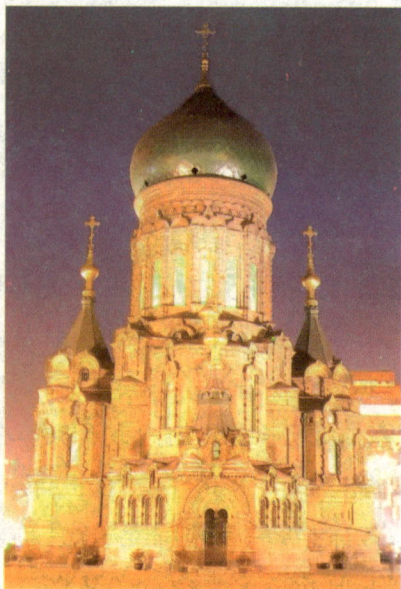

圣·索菲亚教堂是哈尔滨市现存最大的东正教教堂,也是一所完整保留了俄式建筑风格的大教堂。教堂外观庄严肃穆,内部装饰华丽,常吸引游人前来观光留念。

哈尔滨市

夏季的哈尔滨为避暑胜地,每年都要举办哈尔滨之夏音乐会。有圣·索菲亚教堂、防洪纪念塔、太阳岛、东北虎林园等主要景点,中央大街为著名的商业步行街,俄式面

包"大列巴"、老都一处三鲜水饺为代表美食。哈尔滨还因欧洲风格建筑众多而有"东方莫斯科"之称。

亚布力滑雪场

亚布力滑雪旅游度假区地处哈尔滨以东 193.8 千米处。亚布力原名亚布洛尼,即俄语"果木园"之意。清朝时期曾是皇室和贵族的狩猎围场。亚布力雪山山高林密,海拔高度 1 374 米,年平均气温 2℃~10℃。冬季山下积雪深度为 30 厘米~50 厘米,是国内最大、条件最好的滑雪场地。

扎龙自然保护区

扎龙自然保护区位于齐齐哈尔市东南郊 30 千米处,总面积大约为 1 000 平方千米。这里地处乌裕尔河流域下游,由于河水漫溢,形成了广阔的沼泽地带。保护区内湖泊星星点点,芦苇、水草杂生、鱼类、蛙、软体动物等在此生活、繁殖,是水禽的理想乐园。据统计,这里生活着 200 多种禽鸟,其中尤以鹤类最为著名。除了鹤类以外,稀有禽类还有大天鹅、小天鹅、白鹳、大白鹭、鸳鸯、大鸨、白琵鹭、鸿雁、灰雁等,至于普通鸟禽,数量更为繁多。

镜泊湖

镜泊湖由火山熔岩堵塞牡丹江而成,是我国最大的山地堰塞湖。古称湄沱湖、忽汗海、毕尔腾湖,更有红罗女宝镜化湖的美丽传说。湖蜿蜒曲折,长 45 千米,最宽处 6 千米,面积

白雪皑皑，青松挺拔，天地间一片洁白，眼前全是纯洁，东北的雪天是一个冰清玉洁的世界，置身此境，会使人内心获得难得的平静。

95平方千米，湖水平均深度45米。湖面碧波如镜，岚影沉浮，岛似散珠，游艇如织，一派恬静秀美的大自然风情。湖边绿树丛中建有造型别致、富丽壮美的镜泊山庄、镜泊宾馆等几十处高雅建筑，并有许多亭台点缀其间。林间空气清新，曲径通幽，湖光山色，浑然一体。

地下森林

地下森林又称"火山口森林"，位于宁安市沙兰乡境内，镜泊湖西北45千米处。这里由于喷出的岩浆冷却和收缩，火山顶部随之塌落，形成内壁陡峭的多处火山口。火山口内的土质、湿度非常适合植物生长，在10多个火山口中，7个火山口内已长出茂密的原始森林，树龄多在600年以上，有红松、紫椴、水曲柳等珍贵树种。密林丛生于脚下，形成罕见的"地下森林"奇观。

渤海都城龙泉府遗址

渤海都城龙泉府遗址又名渤海国上京龙泉府故城遗址，位于宁安市东京城。渤海国政权是唐代我国东北地区的少数民族靺鞨建立的，最初叫振国(或震国)。唐开元元年(713年)改称渤海，是唐朝的附属国，各项制度模仿唐朝，并用汉文。有五京、十五府、六十

二州，管辖范围南到鸭绿江下游，东抵日本海，北至黑龙江，西至吉林西部。辽朝天显二年(927年)灭亡。

上京城的建制和规模完全按照唐都长安城的建筑样式兴建。分为外城、内城和宫城(紫禁城)三部分。外城周长约17.5千米，四面十门。城垣用土石修筑而成，城高平均约2米。内城周长约4.5千米，城垣用石头筑成。宫城周长约2.5千米，城垣用石头筑成，残垣平均高3米以上。原第二殿东侧有八宝琉璃井，供皇族饮水用。在宫城东侧有禁苑遗址，其南有一个池塘，近2万平方米。人工砌成的假山以及一些楼台殿阁建筑的遗址分布在池塘东西两侧，建筑材料多用石料和砖瓦，有宝相花纹砖、文字瓦、莲花瓦和各种釉瓦等。

上京龙泉府在我国古代建筑史上颇有名气，为全国重点文物保护单位。

丹顶鹤即俗称的"仙鹤"，在黑龙江省分布最广，数量最多，它体态优美，色泽分明，身体颀长，仿佛仙鸟降落凡间，给人以美的享受。

五大连池矿泉与法国维希矿泉、俄罗斯北高加索矿泉并称为世界三大冷矿泉。神奇的五大连池矿泉还对皮肤病有良好的疗效。

漠河极光

漠河地处北纬53°线上,是中国纬度最高的地方。又因地球本身有23.5°的倾斜角,每年夏至前后,尽管地球昼夜旋转,但这里一天仍有17个多小时可以直接看到太阳。就是看不到太阳时,太阳的余光也还可以辐射到这里,并出现夜色清明的奇异现象。所以,人们称漠河为"不夜城"。

漠河冬季长达7个多月,夏季不足2个月。通常冬季温度在−40℃左右,最低极端温度−53.2℃。冬天8点30分出太阳,15点落太阳。夏季由于太阳直射北半球,1点30分黎明,2点多出太阳,21点落太阳,夜间仅4小时。5月,积雪还没融尽,冰霜遍地,大地枯黄,冰封7个月的黑龙江开始解冻,但杜鹃花却火一样开满山坡。6月、7月为夏季,昼夜温差悬殊,白天穿短袖衫,晚上得穿绒衣。8月,树叶在霜花中开始泛黄,9月可见飘雪。

林海雪原

牡丹江流域地处黑龙江省东南,由于受日本海暖气流的影响,降雨降雪都比较多。特别是在张广才岭和老爷岭森林地带,冬季积雪厚度常达1米,积雪期长达半年以上。这期间每逢大雪漫天时,路径埋没,千里林海显得幽深难测,因此,被人们称为"林海雪原"。著名小说《林海雪原》所讲的故事就发生在这一带。

极光是出现在高纬度高空中的美丽的彩色光象。它是由太阳发出的高速带电粒子因地球磁场作用而折向南北两极附近,使高层空气分子或原子受到激发而形成的。

吉林省

JILINSHENG

吉林省位于中国东北部,地处俄罗斯、朝鲜、韩国、蒙古、日本与我国东北组成的东北亚区域的腹地,东部与俄罗斯接壤,东南部以图们江、鸭绿江为界河与朝鲜隔江相望,北部和南部分别与黑龙江省和辽宁省毗邻,西部与内蒙古自治区相依。

吉林省的地势由东南向西北倾斜,构成了山地——丘陵——平原三大地貌。东部的长白山区,是一个立体资源宝库和世界著名的生态环境保护区;中部是肥沃的松辽冲积平原,以盛产优质玉米、大豆、水稻而闻名;西部是科尔沁大草原,水草肥美,遍地牛羊。

吉林省属中国接近亚寒带的温带地区。东部接近黄海、日本海,湿润多雨;西部接近蒙古高原,受西伯利亚气候影响,比较干燥、少雨、多风沙。四季分明,春季干燥多风,夏季炎热多雨,秋季温差大,冬季严寒漫长。

吉林省景观概述

地处东北的吉林省有33处全国重点文物保护单位。省会长春素有"北国春城"的美称，松花江畔因其雾凇奇观而闻名于世，而集安的高句丽王城则已名列《世界遗产名录》。

长春市

长春位于吉林省中部，松辽平原腹地，伊通河畔。清嘉庆五年（1800年）置长春厅，后升府。1931年设长春县，1945年设长春市，沿用至今，为吉林省会。这里冬季寒冷漫长，夏季湿润短促。

长白山

长白山风景名胜区坐落在吉林东北部安图、长白、抚松三县的交界处，与朝鲜相邻。该风景区由长白山自然保护区、天池、圆池、长白山温泉群等景区组成。并分布着玉柱峰、乘槎河、长白瀑布、八卦庙等60多个景点。景区里有丰富的自然资源，还是"东北三宝"即人参、鹿茸、貂皮的主要产地。此外，景区还生长着长白虎（东北虎）、梅花鹿、黑熊、白天鹅等珍禽异兽，是一个闻名中外的风景名胜区。

天池是长白山风光最优美的地方。它是东北地区最高的高山湖，原是一个已封闭的火山口。天池呈椭圆形，东西宽3 350米，南北长4 850米，海拔为2 150米，最深处达373米，平均深204米，其总面积达9.8平方千米。天池多雾的环境使得这里一年难得有几天晴朗的天气。在天池四周，还耸立着16座千姿百态的山峰，构成一片绮丽的风光。

长白山温泉群坐落在长白山天池北侧，与长白山瀑布仅相隔900米。温泉群共分布着几十处温泉，总面积为1 000多平方米。泉眼大小不一，有的大如碗口，有的细如指环，但所有的泉眼皆是终年涌流不息。此外，这些泉的泉水温度也不相同，最高达80℃。

长白山园门瀑布是长白山天池北侧的一个缺口，海拔约为1 250米，池水经阀门向外流，因这里的崖断壁立而往下倾泄，从而形成高达68米的长白山瀑布，如白练悬天。凌空而下的瀑布形如银龙飞

长白山景观神奇秀丽，巍峨壮观，原始自然风光无限，一代伟人邓小平曾经感叹："人生不上长白山，实为一大憾事。"长白山天池堪称长白山风景区的瑰宝。

风格既有中国古典特色，又糅合欧州式、日本式风格的伪满州皇宫，留存了末代皇帝溥仪在其帝王生涯的最后图景，也留存了中国曾经的那段屈辱历史。

舞，发出轰鸣如鼓的巨大响声，形成"飞流直下三千尺，疑是银河落九天"的壮丽景象。

伪满洲国皇宫

伪满皇宫在长春市东北部，是一处主建筑为琉璃瓦顶的建筑群，但其布局和风格杂乱而不协调，是"伪满洲"国皇帝爱新觉罗·溥仪的皇宫。这位在日本帝国主义操纵下的傀儡皇帝，在这里前后度过了 14 年有名无实的皇帝生涯。

皇宫占地面积约 12 万平方米，当年四面建有水泥高墙，并筑有 9 个双层碉堡，设有来熏门、保康门、同德门、长春门、兴运门和迎晖门。宫内分内庭和外庭两部分。内庭是溥仪和后妃居住的地方，西院有缉熙楼、西花园。东院有同德殿、御花园、游泳池、书画楼，还有供奉日本天照大神的建国神庙；外庭是溥仪进行政

松花湖水清天蓝，鱼肥林美，是吉林省重要的人文绿色旅游景点，也是东北三省地区人们夏日度假的良好选择。

23

治活动的地方,有勤民楼、怀远楼、嘉乐楼。其建筑既有中国古典式特色,又有欧洲式、日本式风貌。

松花湖

松花湖在吉林市区东南 24 千米的松花江上,是丰满水电站截流大坝拦截江水而形成的人工湖。湖面最长处 200 千米,最宽处 10 千米,最深处 70 多米,面积 480 平方千米。这里盛产白鱼、鲤鱼和鲫鱼。湖水清洁明净,碧波万顷,湖岸曲折蜿蜒,峡谷幽深,四周层峦叠嶂,青峰如黛。乘舟湖上,只见四面群山环绕,湖上帆影点点,湖光山色,景色迷人。

松花湖游览区有五虎岛、松疗、罗圈沟、三道碴子、青山等 5 个景区及望湖台、迎宾岛、燕翔岛等 18 个景点。

松花江

松花江发源于长白山天池,浩浩荡荡的江水一泻千里,流过茫茫的黑土地,养育了生活在这里的东北各族人民。松花江造就了东北古代灿烂的文明,辽、金、清诸王朝都发迹于此,耶律阿保机的善战、完颜阿骨打的骁勇、努尔哈赤的英勇与剽悍,都让后人想到这片苍茫的白山黑水。冬季的松花江,气候严寒,有时会降至 -30℃,结冰期长达 5 个月;有时夹带暖流的江水,会不断冒起团团蒸汽,凝结在岸边的柳丝、松枝上,形成东北"树挂"奇观。

吉林雾凇

雾凇又名"树挂",是江城吉林最有名的自然景观,每年都有大量游客为欣赏雾凇奇景,不远万里专程来到这里。形成雾凇需要 2 个天气条件,一是气温低于 -25℃,二是风力小于三级。每当隆冬时节,冰封大地之时,流经吉林市区的松花江受丰满水电站的调控,江面始终不冻,当自然条件具备时,江面的水汽便会在低温下凝结于江畔树枝上,形成举世闻名的雾凇景观。

辽宁省

LIAONINGSHENG

辽宁省是中国东北地区南部的沿海省份，是东北经济区和环渤海经济区的重要结合部，南临渤海、黄海，隔鸭绿江与朝鲜为邻，东南隔海与日本相望，东、北、西三面与吉林、内蒙古、河北三省区接壤，靠近俄罗斯，既是连接欧亚大陆桥的要冲，又是中国东北地区进行对外贸易和国际交往的重要通道。辽宁省自然资源丰富，铁、金刚石、滑石、玉石等矿的储量均居中国首位，石油、天然气储量分别占中国的15%和10%。

辽宁省大陆海岸线长2 178千米，约占中国的12%。东部山地丘陵区为辽宁省主要林区；西部山地丘陵区东缘的临海狭长平原，习惯上称为"辽西走廊"，是东北地区沟通华北地区的主要陆上通道；中部辽河平原是东北平原的一部分，由辽河及其支流冲积而成，地势平坦，土壤肥沃，水源充足，是辽宁省主要的农业区和商品粮基地。

辽宁省属北温带大陆性气候，年平均气温6℃～11℃。1月份最冷，7月份最热。沿海城市气温变化较中部城市稍小。每年4～5月份为春季，6～8月份为夏季，9～10月份为秋季，11月中旬至第二年3月份为冬季。

辽宁省景观概述

辽宁省的名胜古迹要首推沈阳故宫和清初盛京三陵,其他的自然景观如金石滩、鞍山千山、兴城海滨、鸭绿江、丹东凤凰山、本溪水洞、医巫闾山等,为辽宁省增添了无穷魅力,吸引无数远道而来的游客流连忘返,久久不舍离去。

沈阳市

沈阳市位于辽河平原中部,浑河(原名沈水)北岸,是东北最大的城市,也是一座历史悠久的古城。是全省政治、经济、文化、交通中心。努尔哈赤曾建都于此,称盛京,日伪时称奉天。辽宁省省会。沈阳是清王朝的发祥地,有着丰富的文化遗产和风景名胜,有故宫、东陵、北陵。

沈阳故宫

故宫在沈阳市中心,是我国现存仅次于北京故宫的最完整的皇宫建筑,具有很高的建筑艺术水平和浓厚的民族风格。故宫占地60 000平方米,四周有高大的宫墙,由十几个院落、300多间房屋组成的建筑群,气势恢宏,金碧辉煌,全部建筑可分为三大部分。

东路主体建筑是大政殿,是皇帝举行大典的地方。两边是颇具特色的十王亭,为左、右翼王和

八旗大臣理事的地方。

中路主体建筑为崇政殿,俗称金銮殿,是皇帝临朝听政的地方。前面有大清门,是沈阳故宫正门,两侧有飞龙阁、翔凤阁、太庙等。后面是清宁宫,即"正宫",为皇帝和皇后的寝宫,两侧有永福宫、关雎宫、衍庆宫、麟趾宫等,是嫔妃居住之处。凤凰楼为清宁宫门楼,高三层,原为盛京最高建筑,"凤楼晓月"为盛京八景之一。

西路以文溯阁为中心,是皇室读书、娱乐场所,主要建筑有文溯阁、戏台、嘉荫堂、仰熙斋等。文溯阁与北京文渊阁、扬州文汇阁、镇江文宗阁等合称"七阁",是珍藏书籍之处。

整座皇宫楼阁高耸,殿宇轩昂,雕梁画栋,富丽堂皇,充分体现了我国古代建筑艺术的独特风格。

沈阳故宫是清太祖努尔哈赤、太宗皇太极两代皇帝的宫殿,它的建筑风格融汇了汉、满、蒙三族的民族特色,将政治制度、人民生活糅合在宫殿格局之中,反映出清初社会的一个历史侧面。

新疆维吾尔自治区

新疆维吾尔自治区位于我国西北部,地处欧亚大陆中心,面积约为166万平方千米,占全国面积的1/6以上,是我国面积最大的一个省区。新疆东南连接甘肃、青海,南部连接西藏,西部、北部与8个国家为邻,边境线长达5 600多千米,是我国边境线最长、对外口岸最多的一个省区,对外开放具有得天独厚的地缘优势。

新疆北部有阿尔泰山,南部有昆仑山和阿尔金山。天山横贯中部,形成南部的塔里木盆地和北部的准噶尔盆地。新疆境内独具特色的大冰川占全国冰川面积的42%。大沙漠占全国沙漠面积的67%,其中塔克拉玛干沙漠是我国最大的沙漠,准噶尔盆地的古尔班通古特沙漠为我国第二大沙漠。

新疆远离海洋,气温变化大,日照时间长,降水量少,空气干燥。冬季气温北疆高于南疆,夏季气温南疆高于北疆。最冷月(1月),平均气温在准噶尔盆地,为–20℃以下,绝对最低气温曾达到–50.15℃。最热月(7月),平均气温在号称"火洲"的吐鲁番,为33℃以上,绝对最高气温曾达至49.6℃,居全国之冠。由于新疆大部分地区春夏和秋冬之交日温差极大,故历来有"早穿皮袄午穿纱,围着火炉吃西瓜"之说。

新疆维吾尔自治区景观概述

XINJIANGWEIWUERZIZHIQUJINGGUANGAISHU >>>>>>

在新疆维吾尔自治区，独具特色的自然和文化景观会让游人如游仙境，传说在眼前展现，历史在心里重温，高昌故城、交河故城、火焰山、天山瑶池，这些都能让游人融入其间。在自然和文化间聆听心灵的回声。

乌鲁木齐市

乌鲁木齐是世界上离海洋最远的大城市之一，夏季凉爽宜人，是最佳旅游季节。市内高楼林立，马路平坦宽阔，路旁栽满鲜花绿树，羊肉串、马奶子葡萄到处飘香，鲜葡萄、哈密瓜满城浮绿。红山、妖魔山东西对峙；人民公园湖光山色，鸟语花香，阅微草堂及朝阳阁尽显古色；水磨沟温泉、小溪、果园雅中有幽，一派江南风韵；天池仙境更是驰名中外，还有燕儿窝、白杨沟、南山牧场、清真大寺、陕西大寺等名胜。

天山·天池

天池在乌鲁木齐以东110千米处，是我国44个重点自然风景名胜区之一。天池古称瑶池、龙潭，传说是西王母宴请周穆王之地，又说是西王母的沐浴池，缭绕的云雾是西王母的霓裳羽衣，小天池是西王母的洗脚盆，大小锅底坑是西王母做饭之处。这些美丽的神话传说，给优美的天池蒙上了浓重的神秘色彩。从乌鲁木齐乘汽车沿山而上，沿途会领略到戈壁风情、丘陵荒漠、草原森林、高原平湖、冰川雪山等到自然风光，可身历春、夏、秋、冬四季冷暖。

天池湖面海拔1 980米，呈半月形，面积4.9平方千米，平均水深40米，最深处105米，是一个天然高山冰碛湖。湖水清澈晶莹，碧如翡翠，水质洁净甘洌。四周群山簇拥，峰峦叠翠，云杉似海，雪岭云影倒映水中；远处博格达峰，白雪皑皑，晶莹耀眼；湖滨绿草如茵，山花烂漫。

> 天池水面碧如翡翠、波平浪静、形如绿玉。四周群山簇拥，峰峦叠翠、雪岭云影倒映水中，真是此景只应天上有，人间能得几回见！

青海省

QINGHAISHENG

青海省,简称青,位于中国西北地区,地处青藏高原的东北部,长江、黄河上游。全省面积72万平方千米,人口499万(2005年),有汉、藏、回、土、撒拉、蒙古、哈萨克等民族。省会西宁市。

青海省地势高,平均海拔在3 000米以上。气候属典型的大陆性干旱、半干旱高原气候,日照时间长,辐射量大。冬季漫长寒冷,夏季短暂凉爽。

青海农业以小麦、青稞、蚕豆、马铃薯、油菜为主。这里生活有牦牛500多万头。

青海是内陆连接西藏的枢纽,有唐文成公主进藏胜迹日月山、文成公主庙,还有著名的塔尔寺、瞿昙寺等蒙藏佛教喇嘛寺院。在青海省可看到雪山、草地、牦牛、长江与黄河源头等田野风光。

青海省景观概述

QINGHAISHENGJINGGUANGAISHU >>>>>>

青海省向来是理想的夏季避暑圣地。这里的风景优美,气候宜人。古城西宁有千年古迹虎台、东关清真大寺、北山唐宋佛寺道观。西北地区的青海湖是中国最大的内陆咸水湖。湖中鸟岛是候鸟生活的天堂;另外还有湟中塔尔寺,更是因其宗教意义而闻名中外。

西宁市

西宁市是青海省的省会,素有"海藏咽喉,天河锁钥"之称。西宁已有2 000多年历史。汉武帝时在此设"西平亭",北宋崇宁三年(1104年)改为"西宁州",西宁之名从此开始。西宁之名即取"西方安宁"之意。这里自古为兵家争战之地,不仅战略地位重要,还是古代东西方交通的重要通道,著名的"丝路南线"和"唐蕃古道"都

经过这里。西宁位于青藏高原东北部,海拔2 261米,是世界高海拔城市之一,更是理想的避暑胜地,盛夏时节这里平均气温只有15～19℃。

倒淌河

倒淌河位于日月山西麓,一股碧流永无休止地向西而去,流入浩瀚的青海湖。天下河水往东流,偏有此河向西淌,所以人们称

此河为"倒淌河"。倒淌河的成因是由于地壳运动,高原隆起,青海湖成为全闭塞的湖,使本来向外泄的河只好转过方向向西流。

日月山

日月山位于湟源县境内,海拔3 498米。相传在唐贞观十五年(641年),文成公主和亲进藏,由长安行至此地,见山高风急,荒无人烟,泣啼难行。护送大臣以皇帝名义赐她日月宝镜两面,公主将两镜分置于东西山,以示西

日月山上视野开阔,风清云淡,日月亭宛若天上宫阙,伫立在云雾缥缈之中。

行的决心,日月山由此得名。之后这里便成为唐蕃交往的主要通道。1984 年,日月山上修建了日月亭,亭内有反映文成公主入藏的大型壁画。

青海湖·鸟岛

青海湖古称西海、青海,位于西宁市西 130 千米,大通山、日月山、青海南山相环绕,系断层陷落所成,是我国最大的内陆咸水湖。面积约 4 500 平方千米,水深近 30 米,湖面海拔 3 196 米,湖水由甘子河、沙柳河、黑马河、布哈河、泉吉河、倒淌河等从四面八方汇集而成。湖畔草原广阔,野花芬芳,牛羊遍野,天高云淡,空气清爽宜人,湖上风帆点点,碧波万顷,构成了一幅浓墨重彩的西部风景画。

龙羊峡险峻的地势,使它拥有强大的蓄水功能,龙羊峡水库就修建在这里,闸门打开时,水流喷涌而出,气势磅礴。

湖中有海心山、三块石等岛屿,还有与布哈河三角洲相连的半岛——鸟岛。这里栖息着班头雁、鱼鸥、棕头鸥三大族候鸟 10 万多只,密度之大举世罕见。每年在青海湖泉湾过冬的天鹅都有近千只。青海湖鸟岛居我国八大鸟类保护区之首。吃湖中美味,宿湖畔帐篷,会令你流连忘返。

装饰尽显藏式风情。塔尔寺经堂内五彩缤纷的幢幡、飘带和服装

甘肃省
GANSUSHENG

甘肃省位于中国西北部，地处青藏高原、内蒙古高原和黄土高原的交汇地带，东接陕西，南邻四川，西连青海、新疆，北与宁夏、内蒙古和蒙古国接壤。

甘肃省由于深处内陆，大部分地区气候干燥，在全国区划气候内分属温带季风气候，具有明显的向大陆性气候过渡的特征。冬季漫长寒冷，雨雪少；春季转瞬即逝，冷暖变化大；夏季短促，气温高，降水集中；秋季降温快，初霜也来得早。

甘肃是一个呈西北—东南向分布的狭长型省份，形似哑铃，东西长达1 655千米，南北最宽处530千米，最窄处仅25千米。地貌复杂多样，山地、高原、平川、河谷、沙漠、戈壁，类型齐全，交错分布。复杂的地貌形态可分为各具特色的六大区域：陇南山地、陇中黄土高原、甘南高原、河西走廊、祁连山地和北山山地。

甘肃省景观概述

GANSUSHENGJINGGUANGAISHU >>>>>

提 到甘肃，人们便会想到那享誉中外的的敦煌莫高窟，它展现了我国佛教艺术的发展史。甘肃的名胜美景还远不止于此，形似新月的鸣沙山月牙泉，号称东方雕塑艺术宝库的天水麦积山石窟，以及张掖西夏大佛寺、汉初名胜酒泉、嘉峪关明长城关城等，都会让人陷入对美景的神往和对历史的沉思之中，让我们一起走进甘肃去看一看那些让人惊叹的美景吧！

兰州市

兰州市位于甘肃省中部，为甘肃省省会，市区人口163万。

兰州是中国古老城市之一，东西长约40千米，南北最宽处为6千米，最窄处不到2千米。黄河由西向东穿市而过。海拔1 520多米，年平均降雨量为327毫米，最热月平均气温22.6℃（7月份），最冷月平均–6.9℃（1月份），年平均气温为9.1℃。兰州是内地通往宁夏、青海、新疆、西藏的陆空交通枢纽。

五泉山

五泉山在兰州市城南的皋兰山北麓，因山上有甘露、掬月、摸子、惠、蒙五泉而得名。蒙、惠两泉在东、西两侧，俗称东、西龙口，流泉飞瀑，景色天成。

高大的牌楼式山门建在山脚高台之上，大门匾额"五泉山"三字。山上丘壑起伏，山环水绕，古木苍郁，回廊曲径，层楼叠阁，依山就势建造于险峰峻峦之上，悬壁殿阁之间泉水淙淙，溪流蜿蜒，环境清爽幽雅。主要建筑有崇庆寺、千佛阁、嘛尼寺、地藏寺、文昌宫、三教洞等。

白塔山

白塔山位于兰州市黄河北岸，因山头白塔得名。山下有金城、玉叠二关，为古代军事要地。白塔建于元代，于明景泰年间重建。白塔有七级八面，塔底为高大须弥座，上为半圆形覆钵式塔身和八角楼阁式塔，上置绿顶，通高约17米。上楼阁与下覆钵结合形式，在古塔中少见。白塔造型别致，轮廓优美，为古塔中佳作。山上有三排建筑群，依山势升高，飞檐红柱，参差错落，绿树丛中亭榭回廊连属，四通八达。

在"沙漠的高处"，有一颗明珠熠熠生辉，那里彩塑像、壁画中不断出现飞天的丰姿，宛若神话再现，为这片沙海增添了神秘的色彩……

宁夏回族自治区

宁夏回族自治区简称宁,地处中国大西北、黄河中上游。这里古为羌戎、匈奴领地,秦代设北地郡,并在此屯边,修筑长城,汉为朔方,宋时为西夏领地,元置宁夏路,明、清置宁夏府。全区面积6.6万平方千米,人口590万(2005年),有回、汉、满等民族,回族人口占三分之一。

宁夏地势南高北低,南部为黄土高原、六盘山地,北部为宁夏平原,东部有鄂尔多斯高原,西侧有贺兰山地。宁夏属大陆性半干旱气候,全年降水量在200毫米~600毫米之间。春旱较重,且多风沙,夏季有暴雨。

宁夏平原占全区的四分之一,海拔1 000米~1 200米,这里有古老的秦汉灌溉区和新建的青铜峡水利枢纽工程。水网密布,物产富饶,素有"塞上江南"和"天下黄河富宁夏"之美称。

宁夏回族自治区景观概述

宁 夏的西夏胜迹丰富多彩,其中有多处为全国重点文物保护单位。银川西部有西夏王陵;布局独特的青铜峡一百零八塔群、滚钟口风景区、固原须弥山石窟、沙波头、泾源老龙潭等景观都给宁夏增添了无尽的历史积淀和艺术魅力。

神情端庄、安详慈善的弥勒佛在须弥山上,世间的一切了然于胸。正如古语云:大肚能容天下事。

银川市

银川市位于宁夏回族自治区北部,银川平原中部,是宁夏回族自治区首府。银川是中国历史文化名城之一,距今已有1 500年历史,现为西北地区新兴的综合性工业城市,也是宁夏著名的土特产品集散地和市场。

银川气候干燥,冬寒夏热。境内的古文化遗址很多。著名的有被誉为"东方金字塔"的西夏王陵、玉皇阁、拜寺口双塔等。

西夏王陵墓

西夏王陵墓位于宁夏回族自治区银川市西,贺兰山东麓,共有8座,里面葬的是西夏王李元昊及其祖父、父亲和以后诸王等王族显贵。

陵区南北10千米、东西4千米,依地势修筑而成。陵区内坐落着9座西夏帝王的陵园,附近还有200余座陪葬墓。每个陵园的规模都相似,但都各自构成一个单独的完整的建筑群体。陵园四角建有标志陵园界限的角楼,由南往北依次为门阙、碑亭、外城、内城、献殿、灵台。陵园四周有神墙围绕,内城四面开门,面积均在约10万平方米以上。

陕西省

SHANXISHENG

陕 西省地处中国内陆,沟通着中国东部、中部、西南、西北,古有丝绸之路通向西亚、中亚。在历史长河中,陕西以其得天独厚的自然环境和人文环境,留下了半坡母系氏族公社遗址。陕西的黄帝陵被尊为中华民族的发祥地,曾有周、秦、汉、唐等13个王朝在陕西建都,为陕西留下了众多的历史文化遗迹,最著名的有秦始皇兵马俑、乾陵、法门寺、西安城墙、西安碑林等。

陕西温度的分布,基本上是由南向北逐渐降低,各地的年平均气温在7℃～16℃。陕南的浅山河谷为全省最暖的地区。由于受季风的影响,陕西冬冷夏热、四季分明。春、秋温度升降快,夏季南北温差小,冬季南北温差大。

陕西省景观概述

SHANXISHENGJINGGUANGAISHU >>>>>

陕西是古迹名胜荟萃的地区之一，悠久的历史积淀了灿烂的文化，著名的历史遗迹数不胜数，如西安东郊临潼的秦始皇陵兵马俑坑，韩城史圣司马迁祠，骊山唐华清池，大小雁塔及宋建碑林。五岳名山中的西岳华山也在陕西省境内，为游人创造了一个探险猎奇、挑战自我的好去处。陕西的历史古迹和风景带给我们的是历史的辉煌和对祖先无尽的敬仰。

西安市

西安四季分明，冬冷夏热，素有"天然历史博物馆"之美誉。全市有 4 000 多处古陵墓、古遗址，12 万件出土文物。特别是拥有

🔺 钟楼具有明代建筑的典型特色，登上钟楼，可鸟瞰西安古城市容。

"世界第八奇迹"——的秦始皇陵兵马俑和铜车马，更是震惊中外。

鼓楼

鼓楼位于西安市区，始建于明洪武十三年(1380 年)，清康熙十三年（1674 年）和乾隆五年(1740 年)先后重修。楼为九楹三

层，歇山式屋顶。基座宽 52.6 米，高 8.7 米，门洞宽、高各 6 米，深 38 米，楼高 24.3 米，通高 33 米。北悬"声闻于天"四字匾额，南悬"文武盛地"四字匾额。

钟楼

钟楼位于鼓楼东边。明洪武十七年(1384 年)初建于今广济街口，万历十年(1582 年)迁都于现址。楼的建筑重檐弯拱，攒顶转角，共有三层。楼基面积达 1 377 平方米，各有门洞通向四大街。座基四面各宽 35.5 米，高 8.6 米。楼

🔺 鼓楼与钟楼遥相呼应，建筑风格大体相同，现为进出城区的交通要道。

高 27.4 米，由地面通高 36 米。钟楼曾遭破坏，后大规模加以整修，加固楼基、楼梯和梁柱，重新粉刷彩绘，使之恢复了原来的面貌和气派。登楼四望，可鸟瞰西安古城市容。

华山

华山位于陕西省华阴市境内，与渭河平原相接，是五岳之西岳。华山原名太华山，因远望形如莲花盛开，且古时"华"、"花"通用，故得名华山。

华山之上，山峰峥嵘，山势雄险，壁立千仞，海拔 2 160 米。山由莲花峰(西峰)、落雁峰(南峰)、朝阳峰(东峰)、玉女峰(中峰)、云台峰(北峰)等主要山峰组成。

在登华山时，应以华岳庙为出发点，穿白云观、玉泉院、青柯坪，过"千尺幢"、"百尺峡"等著名险径，蜿蜒上行，即可达北峰。由北峰前行，便到了"苍龙岭"。这里

悬崖千仞，深不见底。莲花峰海拔2 082米，是华山数座奇峰之一。登上其顶峰向下眺望，只见秦川茫茫，渭、洛二水若银带盘曲其间。峰前有一形如苍龙的巨石，此即屈岭，东面为陡峭石坡，西面为绝壁。峰顶的翠云宫之前有状如莲花的大石，莲花峰之名由此而来。旁有形如斧劈的巨石，此即斧劈石，向北则是沿壁空绝万丈的舍身岩，峰顶有一高兀突起的摘星石。

华山之上，山峰峥嵘，山势雄险，山奇石怪，山风清徐。游人身在其中，感受山石云海，山岚迷蒙，实有"不在天堂，胜似天堂"的感受。

华山最高峰为落雁峰，海拔2 160米。洞北有碧绿清澈的太上泉。这个泉四季常流，俗称仰天池。长空栈、朝元洞等处极其险峻，游人到此都要攀缘铁索。有炼丹炉、八卦池等名胜遍布于峰顶。南天门则位于峰东侧。

朝阳峰海拔2 090米，是华山的奇峰之一，为华山之东峰。因此峰峰顶有可观日出奇观的朝阳台，故名朝阳峰。这座峰冈石陡峭，古松参天。与落雁峰遥遥相对，南望峰峦起伏的秦岭，下视平野，河流隐现。朝阳峰东北的石楼峰和东壁的石髓凝结，黄白相间，形如指掌，仙掌崖之名由此而得。

传说古代的河神巨灵以左手托起华山，右足蹬去中条山，劈出一条河道，让黄河顺利入海，从而排放出洪水，拯救了万民。当时巨灵推山时留下的手印即为仙人掌。掌上半轮如月，光可鉴人，因而称石月。此外，下棋亭、鹞子翻身等险景胜迹也都位于此峰。

玉女峰连接东、西、南三峰。每年夏初，在阳光、云雾的共同作用下，玉女峰上的无量洞边便会形成七彩光环，这种光环随人移动的奇妙景象被称为华山佛光。

大雁塔

大雁塔位于西安城南和平门

外大慈恩寺内。

大雁塔建于唐永徽三年（652年），是唐高宗为安置玄奘由印度带回的佛经而建造的。初时5层，武则天时扩建为10层，安史之乱中毁去了上面3层。现塔高64米，共7层，是一座呈方形锥状的楼阁式砖塔，古朴雄伟，充满了民族特色。塔的门楣、门框雕刻有图案和佛像，画面严谨，线条流畅，传说是出自唐阎立本、尉迟乙僧之手，是研究我国古代建筑的重要资料。

塔南东、西两侧有唐太宗李世民撰《大唐三藏圣教序》和唐高宗李治撰《大唐三藏圣教序记》石碑两通，均为唐代大书法家褚遂良所书，字体秀丽潇洒，是唐代遗留后世的名碑。

🔺 秦始皇陵建筑背靠骊山，气势恢宏，是我国古代帝王陵墓中设计合理、影响深远的典范帝陵之作。

🏞 小雁塔

🔺 小雁塔玲珑修长，秀外慧中，造型古朴典雅，庄重大方，实为我国唐代古塔建筑中的精品杰作。

小雁塔建于唐景龙年间（707～710年）。相传唐中宗李显令宫人摊钱，在荐福寺南边建造一座秀丽高塔，形似大雁塔，但塔身小，故称"小雁塔"。小雁塔比大雁塔年小55岁。该塔现高43米，十三层（原高45.85米，分十五层）。砌面成正方形，底层每边长11.38米，立于砖砌基座上。各层塔身宽度高度均由下至上逐层递减，愈上愈促，式样秀丽玲珑，造型优美。塔身各层南北有半圆拱形门，底层南北石门上刻有阳文蔓草花纹和天人供养图像，雕工精细，线条流畅，是唐代精美的艺术遗产。

1961年，小雁塔被列为全国重点文物保护单位之一。1965年，小雁塔全面整修，恢复了塔的

基座范围，砌补了裂缝，加固了塔身，整修了塔的南北券门，内部增装了楼板扶梯，适当地处理了塔顶和排水问题，塔身加上了铁箍，保持了塔的唐代风格，使千年古塔获得了新生。

🏞 秦始皇陵

秦始皇陵墓位于西安市东约35千米处，南傍细山，北临渭水，是世界上规模最大的陵墓。

秦始皇13岁即位（公元前246年）时便开始修建自己的陵墓，他50岁去世（公元前210年），在位37年，而修其陵墓历时36年。当然大规模的修建是在秦始皇兼并六国之后，征集72万人力，集中修建11年而成。陵墓由当时丞相李斯设计，大将军章邯监工。

宝塔山

宝塔山又名嘉岭山，山上古塔建于唐代(618～907年)，距今已有1 300多年。该塔八角九层，高44米，登塔可俯瞰市容。塔旁有洪钟一口，为明崇祯年间(1628～1644年)铸造。

山下有历代遗留下来的摩崖刻字甚多。最著名的有延安郡守范仲淹(989～1052年)题刻的"嘉岭山"三个隶书大字，由于久经风雨剥蚀，字迹模糊，明初又进行了重刻。还有8个各0.6米见方的"胸中自有数万甲兵"的石刻大字，这是后人对范仲淹军事指挥才能的高度评价。

延安宝塔不仅在历史上盛名远扬，在中国革命史上更是声名赫赫。对于中国老一辈的革命家来说，延安宝塔就是革命圣地延安的象征。

河南省位于中国中东部,黄河中下游,因大部分地区在黄河以南,故名"河南",历史上又被称为"中州"、"中原"。河南省简称豫,省会郑州。河南全省面积约 17 万平方千米,辖 17 个地级市,50 个市辖区,21 个县级市和 88 个县。河南是中原文明发源地,河南人文极为繁荣,从汉代至隋代 600 多年间,全省人口约占全国的 1/5。河南洛阳的龙门石窟是中国三大石窟之一,现已被列为世界文化遗产。河南还是少林武术和陈氏太极拳的发源地,堪称中国武术的故乡。本省属大陆型季风气候区,全年平均气温 13℃~15℃,年降水量 600 毫米~1 200 毫米。河南处于中国大陆铁路网的中心,是我国重要的交通枢纽省份。

河南省景观概述

河南是我国传统文化的发源地之一,它以商周文物而闻名于世,中国八大古都之列的安阳、洛阳、开封、郑州和安阳周围及鸡公山、石人山等处是本省名胜古迹的荟萃之地。号称中岳的嵩山,少林寺以及安阳殷墟出土的甲骨文都是本省的自然及文化遗产,游览河南山水,仿佛徜徉在历史的长廊中,令人追忆,令人畅想。

郑州市

郑州市在河南省中部偏北,京广、陇海铁路在此交汇,设有亚洲最大货车编组站,北临黄河,西依嵩山,东南为千里沃野,金水河、熊耳河横贯城区。商代建城,春秋时为采邑,北朝周时为郑州,是中国历史文化名城之一。郑州市现为河南省省会,全省政治、经济、文化和交通中心。

黄河游览区

黄河游览区位于郑州市区西北的黄河南岸。区内有3个风景区:岳山寺、五龙峰、骆驼岭。

岳山寺在明清时是蒙泽有名的八景之一,有18处奇观。现在其主峰建有高33米的三层阁楼——紫金阁。紫金阁内的一口洪钟每逢节日时都会与黄河的波涛相应和,声音和谐美妙。在断壁峭崖间还有一架铁索桥,高30米,长40米。

五龙峰顶依山修建了亭、轩、楼、阁和曲径回廊。极目阁位于山顶最高处,清式重檐,是凭栏远眺的佳处。山麓花园里有一高5米、怀抱婴儿的母亲塑像。

骆驼岭位于岳山寺西2千米。岭上有一圆形窑洞式建筑,分为各有长廊回绕的三层。最高的一层有一座形象古朴凝重的大禹石像,像高10米,重150吨。岭北侧的古渡有供游客休憩的黄河浴场和航楼。

汉、霸二王城位于骆驼岭西,为秦、汉相争的遗迹。西城叫汉王城为汉所筑;东城叫霸王城,为楚所建。山下有一条南北向的大沟,宽800米,深200米

"黄河远上白云间,一片孤城万仞山。羌笛何须怨杨柳,春风不度玉门关。"

洛阳龙门石窟的佛像雕塑与建筑布局,完美地展现了中国古代艺匠的精湛技艺,1 000多年来始终吸引游人前来观访。

叫做广武涧或鸿沟。此处为古代军事与交通重地,北向黄河,南对群山,地势险要。刘邦、项羽在此争战多年,以鸿沟为界两分天下,鸿沟以西为汉,鸿沟以东为楚。中国象棋盘上的所谓"楚河"、"汉界",即源于此。

龙门石窟

龙门石窟位于洛阳市南13千米处。由于龙门山(西山)、香山(东山)两山对峙而伊水中流,犹如一座天然门阙,因而得名。龙门大桥横跨伊水,将东西两山连接起来。东山海拔300米,山上有古朴的香山寺和苍郁的白园,两者相映成趣;西山海拔371米,悬崖峭壁上有许多密如蜂窝的佛龛。龙门景观的主体是石刻造像,现存的2 100多个窟龛、40余座佛塔、3 600多块碑刻题记等皆开凿于从北魏到唐这一时期。与甘肃敦煌莫高窟、山西大同云冈石窟齐名,它们合称为中国古代佛教石刻艺术的三大宝库。

潜溪寺是龙门西山北端的第一个大洞。该洞为唐贞观十五年(641年)开凿。洞高9.3米,宽9.5米,深6.65米。洞内有主佛阿弥陀佛端坐须弥台上,面相丰满,胸部隆起,衣纹斜垂座前,右手抬起(手指今已残损),姿态静穆慈祥。主佛两侧刻阿难、迦叶二弟子和二菩萨、二天王。

奉先寺是龙门石窟内最大的一个佛洞,南北宽30米。洞内的主像是卢舍那大佛,该佛面目丰满秀丽,双目宁静含蓄。两旁的群像形神兼备:阿难温顺虔诚,迦叶严谨持重,菩萨端庄矜持,而天王蹙眉怒目,力士威武有力,反映了唐代艺术水平的高超,体现了当时的艺术风格。

宾阳三洞(南洞、中洞、北洞)中仅中洞的开凿就凝聚了古代工匠的心血,是一所三世佛(释迦佛的过去、现在、未来)窟,雕作完整,富丽堂皇。洞顶雕莲花宝盖和七个迎风飘逸的伎乐天人,洞口内壁两侧刻有大型浮雕,洞中11尊圆雕大佛,极为雄健朴实。主佛释迦牟尼眼若纤月,鼻翼丰满,嘴角上翘,微露笑意,服饰由北魏早期的偏袒右肩和通肩式,变成褒衣博带式,是孝文帝改制,实行汉化政策在石窟造像艺术上的反映。

白马寺

白马寺位于洛阳市城东12千米处,它北依奶山,南望洛水,梵殿古塔,绿树红墙,是举世闻名的中国第一古刹。白马寺始建于东汉永平十一年(68年),已有近1 940年的历史,是佛教传入中国后营造的第一座佛寺。

白马寺占地约4万平方米,沿中轴线有天王殿、千佛殿、大雄殿、接引殿、清凉台、毗卢殿等建筑。两侧有摄叶摩腾殿、竺法兰殿、上下僧院、藏经室及摄叶摩腾墓、竺法兰墓等。寺外东南侧有著名的齐云塔。山门两侧有两两相对伫立的宋代石雕马,刻工粗犷,姿态浑重,神情似刚刚长途跋涉,翻山越岭驮经而来。

山东省

SHANDONGSHENG

山东省位于华北平原东部,黄河下游,东濒渤海、黄海。古称太行山以东为山东,因部分地区曾为鲁国,故简称鲁。面积 16 万平方千米,人口 9 163 万(2005年),有汉、回、满等民族。

山东全省平原、洼地占 65%,山地、丘陵占 35%。东部伸入黄海、渤海半岛。有胶莱平原和低山丘陵,青岛的崂山海拔 1 133 米,高耸于黄海之滨,中部为泰山、沂蒙山山地、丘陵,五岳之首的泰山玉皇顶海拔 1 524 米,为山东最高峰。西北为华北平原的一部分,有黄河故道沙地分布。本省属暖温带半湿润季风气候,夏季多雨,冬季晴朗干燥,年降水量 600 毫米~1 000 毫米,从东南向西北递减。境内长 50 千米以上河流有 1 000 多条,主要有黄河、大运河、小清河等,湖泊有北五湖、南四湖。

山东省景观概述

SHANDONGSHENGJINGGUANGAISHU >>>>>>

山东是我国古代"齐鲁之邦",它以"一山一水一圣人"吸引了无数游人前来敬仰观瞻,泉城济南的趵突泉、大明湖以及千佛山并称为"三胜"。另外还有曲阜孔府、孔庙、孔林、稼轩祠、李清照故居等。位于五岳之首的泰山就位于山东省境内。山东省的名胜还有微山湖景区、鲁西南的梁山水泊。省内的曲阜、济南、青岛、聊城、邹城、临淄等都是国家历史文化名城。

济南市

济南位于山东省中部,黄河下游南岸,是山东省省会。济南是一座已有 2 000 多年历史的文化名城之一。春秋战国时是齐国的历下邑。北汉置济南郡,是其地名的最早记载。明清时为济南府治。

济南属大陆性气候,四季分明。市辖区内有 72 眼名泉,故被称为"泉城"。古代有"四面荷花三面柳,一城山色半城湖"的说法。济南市区人口约为 243 万,是一座历史悠久的城市。

大明湖

大明湖位于济南市中心偏北部,是珍珠泉、芙蓉泉、王府池等城内几处清泉水汇集而成的天然湖泊,湖水面积 465 000 平方米,湖水澄清如镜,湖中荷花飘香,湖岸绿柳摇曳,楼、台、亭、阁点缀其间。传说古代大明寺的和尚霸占民女,此事惊动了天神,于是天塌地陷,大明寺被葬于地下,故此成了大明湖。

著名的历下亭在大明湖的湖中小岛上,八角重檐,雕梁画栋,是诗人杜甫途经济南时,北海太守李晋宴请他的地方,亭后名士轩中有二人的画像。小沧浪亭临湖而立,三面荷花,境界清幽别致。造园在湖南岸,为园中之园,园内曲水虹桥,假山巧布,回廊亭阁,竹翠花艳,廊壁嵌岳飞书写诸葛亮前后《出师表》等多方石刻。北极阁在湖北岸,由山门、钟鼓楼、前后殿、东西配殿组成,前殿奉真武帝君、四大天君等像,后殿为真武帝君父母像,阁上举目四望,近处烟树云天,远处群山如黛。

大明湖是著名的济南三大名胜之一。大明湖湖水清澈透明,湖中"映日荷花别样红",湖岸上垂柳"碧玉妆成一树高",游人到此无不感叹,真是胜景名湖。

上海市

SHANGHAISHI

上海市地处我国东部海岸中段,长江入海口。自古为海边渔村,春秋时为楚国春申君封邑,宋朝设为镇,始称上海。上海是我国对外开放城市之一,同时也是世界性大都市之一。它地处长江三角洲平原东端,平均海拔为4米,仅西部松江区有少数残丘,天马山最高,海拔98.2米。长江口的崇明岛面积为1 083平方千米,是我国仅次于台湾和海南的第三大岛。

上海地处太平洋西岸、亚洲大陆东沿、长江三角洲前缘,东濒东海,南临杭州湾,西接江苏、浙江两省,北界长江入海口,长江与东海在此连接。上海位于我国南北弧形海岸线中部,交通便利,腹地广阔,地理位置优越,是难得的优良江海港口。

上海属于亚热带海洋性季风气候,温和湿润,年平均气温约16℃,降水量约1 100毫米。全年60%左右的雨量集中在5月~9月份的汛期,汛期有春雨、梅雨、秋雨三个雨期。上海四季分明,春秋较短,冬夏较长。7月份气温最高,日平均气温约28℃;1月份最低,日平均气温约3℃。全年气候温暖湿润,适宜人类生存。

上海市景观概述

SHANGHAISHIJINGGUANGAISHU >>>>>>

上海的繁华古来有之,它不仅是我国的一大经济中心,而且还有为数众多的文化名胜,这为它本来已辉煌的形象更添了几多风采。上海是国家历史文化名城,黄浦江外滩、豫园、龙华寺、玉佛寺及中国共产党一大会址,还有鲁迅、宋庆龄及孙中山故居等都是引人入胜的风景名胜,游人可以在摩天大楼中寻找那些逝去已久的历史。

豫园

豫园是上海著名的古典园林,位于南市区,建于明嘉靖三十八年(1559年)。初建面积不大,万历五年(1577年)后,陆续扩大达4.7万平方米。上海人潘允端曾任四川布政使,据说他为了奉养父亲而造此园,"豫园"即取豫悦父亲之意。园林面积现有2万平方米,有亭、台、楼、假山、阁、池塘等30余处。还有一些工艺精细、栩栩如生的砖刻、木雕,都具有明、清两代南方建筑的艺术风格。

三穗堂位于豫园北门入口处。因其每扇窗格的花纹都因雕刻着稻穗、麦苗、瓜果而得名。三穗堂内布置着豫园全景图的简介,成为豫园的"序厅"。

豫园内有一面围墙,由5条巨龙装饰而成,这5条巨龙一是伏虎,二是穿龙,三、四是双龙戏珠,五是睡龙,因此被称为龙墙。这5条巨龙蕴含了豫园的精灵秀气,更增添了豫园的韵致。

得月楼建于清乾隆年间,在楼上可以俯视荷花池中的月色,故得其名。上海文人墨客常在此谈古论今,吟诗作画。楼上曾供奉过中国元代著名的纺织家黄道婆。跂织亭位于得月楼西侧的回廊内,亭中的木雕记载了中国古代的纺纱织布技术和棉花栽培技术,这些都刻在亭中16扇屏门上的16幅黄杨木雕图案上。

上海大世界

上海大世界位于市中心的西藏路上,初建于1917年,是上海最早出现的一个大型综合性游乐场。

解放前,大世界成了流氓、恶霸、妓女、扒手聚集的大本营。1949年上海解放后,上海人民政府接管了大世界,对它进行了改造。

豫园虽只是当年地方官员的官邸,但豫园的建造却是以北京故宫为整体蓝本而设计的。今日的豫园早已对游人开放,成为上海市的著名景点之一。

江苏省

JIANGSUSHENG

江苏是中国古代吴越文化、长江文化的发祥地之一。早在公元 7 世纪的中国盛唐时期,江苏就为丝绸之路源源不断地输送着美绫玉帛。省会所在地南京被称为"六朝古都",创造了推进中国历史进程的长江文明。江苏东临黄海,拥有 954 千米的海岸线,那里平原辽阔,河湖众多,百草丰茂,世称"鱼米之乡"。

江苏境内地势平坦,平原辽阔,无崇山峻岭,而多名山巨泽,湖泊众多,水网密布,海陆相邻。全省境内除北部边缘、西南边缘为丘陵山地地势较高外,其余自北而南为黄淮平原、江淮平原、滨海平原、长江三角洲。江苏省因平原面积大,水域比率高,低山丘陵岗地面积少,在中国素有"水乡江苏"之称。

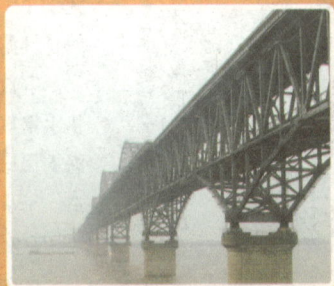

江苏省景观概述

江 苏省的风景名胜遍布全省南北，苏南水乡、无锡太湖之滨的鼋头渚，风景绝佳。连云港海滨，云台山的花果山、水帘洞及锦屏山自然风光，远近驰名。南京钟山的中山陵、灵谷寺、玄武湖、梅花山，秦淮河畔的夫子庙、莫愁湖等处景点，引人入胜。江苏古园林独具特色，苏州有园林之城的美称，"江南美景甲天下"，江苏应该是其中靓丽的一道风景。

南京市

南京市位于江苏省西南部，古称金陵，是我国七大古都之一，已有2 400多年历史，历代有东吴、东晋、宋、齐、梁、陈、南唐、明、太平天国、中华民国等十朝在此建都。南京是全国八大通讯枢纽之一，南京港是我国内河第一大港。南京的科研教育事业发达，紫金山天文台是我国第一个天文台，也是世界著名天文台之一。

明故宫遗址

明故宫遗址位于南京市城内东侧，是朱元璋建立明朝后营建的皇宫。明故宫建筑极为宏伟，分内外二重，外重为皇城，内重为宫城，四周有护城河环绕。皇城与宫城之间，又设内外二门，外为承天门，内为端门，并建有内外五龙桥。宫城布局与北京紫禁城相似，但全部建筑毁于清咸丰时

(1851～1861年)的战火。现仅存午门、五龙桥和奉天门的一些遗迹及石刻，已开发为午门公园。

钟山

钟山位于南京市中山之外。山势峻拔而蜿蜒，山体呈弧形，东西全长约7千米，南北宽约3千米，周长约30千米，主峰海拔高度为448米。东晋时因其山上的紫色页岩层在阳光的照映下远望有紫金色出现，故又称其为紫金山。

⚑ 1368年，明太祖定都南京，居于南京的明故宫；1421年，明成祖迁都北京，居于北京的明故宫。此图是位于南京的明故宫。

浙江省

ZHEJIANGSHENG

浙江省简称浙,北临太湖,东濒东海,因境内钱塘江旧称浙江,故得此省名。省会杭州市。

浙江省境内多山地丘陵,西南高,东北低,有雁荡、天台、四明、天目、会稽等山。黄茅尖海拔 1 921 米,为本省最高峰。平原、盆地约占全省面积的 30%,有杭嘉湖平原、宁绍平原、金衢盆地、新嵊盆地等。沿海有 3 061 个岛屿,是我国岛屿最多的省份。本省属亚热带湿润季风气候,温暖湿润,四季分明,年平均气温在 15℃~20℃之间。主要河流有钱塘江、曹娥江、苕溪、甬江、灵江、瓯江、飞云江、鳌江八大水系,钱塘江为本省最大河流,发源于浙、皖、赣边界,流入杭州湾,全长 605 千米。湖泊以杭州西湖、嘉兴南湖、绍兴鉴湖最为著名,鄞州东钱湖面积 22 平方千米,为本省最大天然湖泊。

浙江省人杰地灵、物华天宝、文化底蕴十分丰富,山水风景、历史文物古迹遍地皆是,有西湖、普陀山、雁荡山、莫干山、天台山、楠溪江、千岛湖等等。

浙江省景观概述

ZHEJIANGSHENGJINGGUANGAISHU >>>>>>>

风景灵秀的江南，美景可谓总汇于浙江。杭州西湖三面环山、中涵碧水、林泉幽秀，有灵隐寺、六和塔、三潭印月等胜景。号称"海天佛国"的普陀山，被称为"东南第一山"的乐清雁荡山都在浙江省内。浙江的美景若非亲见不知其美有几许，而且这深可几许的美除非亲见，文字是从来都载不动的。

杭州市

杭州位于浙江省西北部，是中国七大古都之一，也是历史文化名城和重点风景旅游城市。早在10万年前已有原始人类——"建德人"在此生息繁衍，4700多年前祖先在此创造了以黑陶为特征的"良渚文化"。秦时置钱唐县，五代为吴越国都，称西府，南宋定都于此为杭州路，明清设杭州府，现在为浙江省省会。

西湖

西湖位于浙江省杭州市，原只是一个和钱塘江相连的浅湾。环抱这个浅湾的两个岬角是南面的吴山和北面的宝石山，后因泥沙把出海通路淤塞，进而形成内湖。湖的形状呈椭圆形，面积为6.03平方千米，而水面面积约为5.66平方千米，湖岸周长为15千米。西湖平均水深1.5米左右，最深处在2.8米左右，而最浅

处不到1米，湖底较平坦。湖中白、苏二堤将湖面分成外湖、里湖、岳湖、西里湖、小南湖五个部分；湖中还有四岛，即孤山、小瀛洲、湖心亭、阮公墩。西湖三面环山，吴山、南高峰、玉泉山、北高峰、五云山、葛岭、飞来峰、宝石山等是其主要山峰。其中北高峰高355米，南高峰高302米。在西湖的诸多山泉中，虎跑泉、玉泉和龙井泉最为著名。

西湖水面如镜，亭台楼宇，山林青郁，清秀之气扑面而来，让人陶醉。

51

东湖

东湖位于绍兴市东约 5 千米处，原是一座青石山，汉代开始人们在此开山采石，日久凿成湖泊。这里悬崖峭壁、奇石怪峰，达数百米，环抱一湖碧水。湖上有石桥 9 座将湖分成 3 片，有陶公、仙桃 2 洞，皆可通舟，山水相映、湖亭相缀，宛如一座巧夺天工的大型山水盆景。

陶公洞四周悬崖绝壁，崖高 47 米，水深 18 米，人在舟中"坐井观天"，寒意顿生。仙桃洞如一间石屋，中间一面石墙，将洞一分为二，墙上有桃子形的孔，石壁上刻有"洞五百尺不见底，桃三千年一开花"的对联。湖畔还有稷寿楼、香积亭、饮渌亭、听漱亭、陶社等建筑。人们可在这里饱览东湖绚丽的湖光山色，远眺绍兴的竹林茶园和水乡美景。

自古以来东湖就有山清水碧、岩奇洞幽、湖洞相通、亭桥相融的特色，与杭州西湖、嘉兴南湖并称为江浙三大名湖。

阿育王寺

阿育王寺在宁波市东 18 千米的大白山麓，华顶峰下的育王山。始建于西晋太康三年（282 年）。

阿育王寺结构古朴，殿堂轩敞，雕梁画栋，宏伟壮观。建筑富有民族风韵，与山川形色相和谐。

有山门、钟楼、天王殿、大佛殿、舍利殿。建筑 660 余间，占地 8 万平方米。其中的舍利殿高 15.3 米，用黄色琉璃瓦覆盖，庄严肃穆、金碧辉煌。匾额"妙胜之殿"为宋孝宗御制；"佛顶光明之塔"是宋高宗手笔。殿内有高 7 米的石塔，内置七宝镶嵌的"舍利放光"木塔。石塔后有长 4 米的释迦牟尼卧像一尊。殿前月台两侧有历代帝王、文人留下的墨迹碑刻。

阿育王寺附近还有高 36 米的古塔、佛迹亭、极目亭、仙人岩和七佛潭等胜迹。寺周苍松翠柏，环境清幽，成为一方独具魅力的佛教胜地。

天台山

天台山在浙江天台县城北，其主峰是华顶峰，海拔 1 098 米。面积约为 105 平方千米。天台山风景区包括国清、高明、赤城、华顶、石梁、清溪、万年寿、寒岩、桃源等多个景区。天台山中山水神秀，多奇岩异洞、飞瀑流泉、峰峦叠翠，有众多的宗教庙宇和文物古迹。佛教天台宗吸引众多僧人至此，使这里成为江南佛教圣地，天台宗的美名也因此名扬海外。

普陀山

普陀山是著名佛教胜地，它位于浙江省舟山市境内，是东海中的一个岛屿，有"海天佛国"的

普陀山面积 12.76 平方千米，最高峰佛顶山，海拔 291 米。普陀山佛寺众多，有普济寺、法雨寺、灵石庵等寺庙，还有潮音洞、梵音洞等名胜。普陀山是中国佛教四大名山之一，是我国重点风景区。

别称。普陀山兴建了大量寺院，全山寺庵在最盛时达 200 多座，僧尼 4 000 多人，是供奉佛教观音的重要道场。因中国历史上帝王多于北方建都，因此，中国南方的东海被他们称为"南海"。由此，普陀山又被命名为"南海普陀山"。

普陀山属亚热带海洋性气候，气候宜人。岛上洞幽岩奇、峰峦起伏、林木葱茏。站在普陀山上向远处望去，可见碧波万顷的大海；在近处观赏，可观金沙细浪的海岸，风光秀丽而迷人。心字石、南天门、二龟听法石、磐陀山、千步沙、百步沙等地是其主要景点。

南天门位于普陀山南山上。南天门孤悬入海，与本岛一水相隔，架有石桥，桥身似龙，故名环龙桥。附近多摩崖石刻，最引人注目的是清朝康熙年间武将蓝理所题"海山大海"四个大字。

安徽省

ANHUISHENG

安徽省地大物博,文化古迹甚多。现有5个国家级重点风景名胜区,其中黄山为安徽山水的典范,被列入世界自然文化遗产名录;九华山是中国四大佛教名山之一;齐云山因摩崖石刻、道教遗存和别具一格的丹霞地貌而令人瞩目;天柱山雄奇灵秀兼备;琅琊山以宋代欧阳修的《醉翁亭记》而名扬天下。安徽文化遗产丰富而别具特色,歙县、寿县、亳州为国家历史文化名城。

安徽位于中国东部,长江、淮河中下游。东连江苏、浙江,南接江西,西与湖北、河南为邻,北部一隅与山东接壤。大别山呈西北至东南走向,横跨鄂(湖北)、豫(河南)、皖边境,海拔在1000米左右。省内河湖绝大部分属长江、淮河两大水系,东南部分则属于新安江、钱塘江流域,长江自西南贯穿东北。安徽省最大的湖泊为巢湖,是安徽著名旅游风景地之一。

安徽省景观概述

ANHUISHENGJINGGUANGAISHU >>>>>>>

安徽省山明水秀,名山胜地众多。著名的黄山具有奇松、怪石、云海、温泉等四绝;九华山秀丽如出水芙蓉,是我国四大佛教名山之一。本区内还有天柱山、琅琊山、齐云山、巢湖、采石、太极洞、花亭湖等风景名胜区。地理景观有宣州龙泉洞、青阳神仙洞、广德太极洞、石台溶洞群、马鞍山采石矶。此外千年古城歙县不但是文房四宝的产地,而且有保留宋城风格的屯溪老街和众多的古今名人故居遗迹。

合肥市

"绿色城市"合肥位于东淝河与西淝河汇合处,是历来兵家必争之地,同时是一座有 2000 多年历史的古城。安徽省省会,自古有"庐州"、"庐阳"、"金斗城"之别称。

合肥是一座美丽的城市,山水峻秀、绿树成荫,碧草连绵的环城公园像一串珍珠项链将逍遥津、包河、西山、银河、杏花村等园林景致巧妙串起,教弩台、包公祠、包公墓、稻香楼等也位于此地。市郊的蜀山公园和巢湖风光绚丽、景色迷人。

在合肥,盛产龙眼肉、葡萄鱼、合肥油鸡、方腊鱼、椿芽拌鸡丝、荠菜圆子等,这里生活气息浓郁,有黄梅戏表演,可购买宣纸、歙砚、徽墨、合肥大麻饼等土特产品。

教弩台

教弩台位于合肥市东门城内逍遥公园旁。教弩台又称点将台,为东汉末年曹操所筑。

教弩台上有一口井,由于井口比街道平房屋脊还高,所以被称为"屋上井"。井中有水,其水位又比当地水位高出许多,至今不能弄清楚此水究竟来自

何处。井水水味甘美,四季不竭。圆形的井台为青石凿制而成,拙朴古老,上面镌刻"晋泰始四年殿中司马夏侯造"字样,已有 1 700 多年历史。井口内侧还有 23 条光滑的深沟,其石质光亮如玉。

教弩台上曾广植松树,浓荫遮日,风起云动之时,松涛阵阵,因此台上有听松亭。"教弩松阴"为古"庐州八景"之一。

黄山市

黄山市位于安徽省南部青弋江的上游。因奇特的黄山坐落在其境内而得名。黄山市是一个历史文化悠久的老城,人文荟萃,名胜古迹甚多。市内的屯溪老街,历来被称为"宋街"。距离市区东北约 30 千米的歙县是中国历史文化名城之一。其明清民居、牌坊和祠宇素被称为古建筑"三绝"。

黄山市在历史上地位比较重要,新安画派、徽派版画、徽商等都起源于这里,是一个名副其实的"文化之城"。

黄山

黄山古称黟山,是我国十大风景名胜之一,也是世界闻名的游览胜地,已被联合国列为世界自然文

化遗产。明代著名旅行家徐霞客曾有诗云："五岳归来不看山，黄山归来不看岳。"黄山峰峦挺拔绵延，集泰山之雄伟、华山之险峻、衡山之烟云、庐山之飞瀑、雁荡之怪石于一身。主峰莲花峰、天都峰、光明顶都在1 800米以上，劈地摩天，直冲云霄。黄山如一幅立体的画、无声的诗，以奇松、怪石、云海、温泉"四绝"闻名于世，以无与伦比的瑰丽景色吸引着游人们。

奇松：黄山松一般生长在海拔800米以上的峰岩峭壁间，具有极强的生命力，针叶短而密，顶平如削，枝干虬曲，苍劲多姿，或汇成林海，或独秀于峭壁间，具有丰富的艺术魅力，给人以美的享受。已命名的有迎客、送客、探海、卧龙、黑虎、凤凰、连理、孔雀、接引等25种名松。

怪石：黄山到处怪石嶙峋，形状奇巧多姿、生动逼真，有的横空出世、雄伟壮观；有的纤巧秀丽，如盆景雕塑，其形似人、似物、似飞禽、似走兽，无不惟妙惟肖，如松鼠跳天都、金鸡叫天、十八罗汉朝南海、梦笔生花、猴子观海、喜鹊登梅、仙女弹琴、关公挡曹、仙人晒靴、天狗望月、飞来石、鲫鱼背、莲花峰等，大自然的鬼斧神工令人叹为观止。

云海：云以山为体，山以云为衣，黄山自古以"云海"驰名，一年之中有200天左右处在云遮雾罩之中。人在云层上，云在山谷中，白云翻滚，如海如涛，涌在身边，伸手可握。观云海的最佳季

"五岳归来不看山，黄山归来不看岳"，黄山以其雄伟、险峻吸引了无数人们前来一睹它的胜景。

节为春、秋、冬 3 季或雨后初晴之时。只见棉山堆深壑，白雪卷危岩，眼前一片汪洋，脚下白浪滔滔，山峰似大海中的孤岛，时隐时现。妙在非海而确又似海，置身云海，仿佛身在九霄仙境。

温泉：古称汤泉、朱砂泉，传说轩辕黄帝在此沐浴，返老还童。温泉位于紫石峰南麓，海拔 650 米，平均温度 42.5℃，水温随气温、降水量的变化而变化。

屯溪老街

屯溪老街坐落于市内西南隅，是黄山市内现存最完好的一条宋式商业长街，距今已有 400 多年的历史。屯溪老街全长约 1 200 米，由 2 000 多块浅赤色条石铺成，沿街房屋多为两层或三层。楼下开店，楼上居住。沿街两侧有茶楼、酒店、书府、墨庄、商场等 260 多家，各色摊点 200 多个。门面多为单开门，宽 3 米～5 米不等。入内则深邃，内院以华丽的天井相联结。商家一般是前店后库，前通街，后通江。

屯溪老街是黄山市内现存最完好的一条宋式商业街，沿街两侧有茶楼、酒店、书府、墨庄、商场等各色摊点。

福建省
FUJIANSHENG

　　福建省简称闽,位于我国东南沿海,与台湾隔海相望。福建全省面积约12万平方千米,人口3 367万(2005年),有汉、畲、回、满、高山等民族,省会福州。

　　福建境内山岭耸峙,丘陵起伏,河谷盆地穿插其间,丘陵山地约占全省面积80%,有"东南山国"之称。地势大体西北高、东南低,沿海福州、泉州、漳州、厦门一带为平原。西部为绵亘闽赣边境的武夷山脉,长500多千米,最高峰黄岗山海拔2 157米,为福建第一高峰。境内还有鹫峰山、戴云山、博平岭等山脉。海岸线曲折,多岛屿,有厦门、金门、海坛、东山、南日、马祖等诸岛,其中厦门、东山已与大陆相连。境内无湖泊,主要河流有闽江和九龙江。本省属亚热带湿润季风气候,年平均气温17℃~22℃,年降水量1 000毫米~1 900毫米。

福建省景观概述

福建地方山明水秀，峰岩海景绮丽多姿。本省风景胜地首推武夷山。九曲溪的碧水丹崖，自古奇秀甲东南；福州名胜有鼓山、西湖等。厦门鼓浪屿有"海上花园"之称，有日光岩、郑成功纪念馆等自然、文化景观。福建省内的武夷山、清源山、太姥山、玉华洞、十八重溪、青云山等都是国家重点风景名胜区。

福州市

　　福州位于福建省东部，闽江下游，福州盆地中央，临近东海，是我国东南沿海历史悠久、海运发达的古城。因市内多植榕树，又称"榕城"。福州自古为我国重要港口，东汉时与国外就有贸易往来，宋时已成为中国重要的港口城市。郑和七次下西洋都曾在这里的马尾、长乐停留休整。马尾港在清代已成为中国最大的造船基地和海军基地。工艺方面，福州脱胎漆器与北京景泰蓝、江西景德镇瓷器并列为中国工艺品"三宝"。

鼓山

　　鼓山屹立于福州市东12千米处。山中有劳崛峰、白云峰、狮子峰、鼓子峰景观，绵延数十千米，峰顶有巨石如鼓，相传每当风雨之

　　◀ 鼓山南接闽江，风光绝美。因山顶有巨石如鼓，而得名。鼓山主峰海拔969米，在东南丘陵中也算得上是"一枝独秀"了。

际,山上会传来隆隆鼓声,因而得名鼓山。

鼓山四季常青、苍松滴翠、溪水温湿、岩奇谷幽、景色醉人。美景胜境遍布全山,名胜古迹比比皆是,移步换景,令人目不暇接。位于山腰的涌泉寺是鼓山风景区的精华部分。

涌泉寺始建于唐建中四年(783年),因有泉水涌出而得名。为福州"五大丛林"、"十大名刹"之一。寺由天王殿、大雄宝殿、圆通殿、法堂、藏经殿、明月楼、回龙阁等构成。寺内有千年铁树2株。鼓山的摩崖题刻到处可见,主要分布在灵源洞附近,自宋至清约有300余处。

鼓山的松涛山庄、鼓岭山庄都是不容错过之处。登上绝顶屴崱峰,东眺瀛海烟波,渔帆点点,西望闽江如带,榕城如画,晨观东海日出,更妙不可言。

于山

于山位于福州市中心,又名九仙山。据说战国时古民族"于越"氏的一支曾居住在这里,因此而得

名。于山面积470平方米,最高点鳌顶峰海拔58.6米。有六鳌胜迹二十四奇景。如集仙岩、炼丹井、九日台、狮子岩、平远台等。此外还有戚公祠、大士殿、万岁寺、九仙观等寺庙建筑。峰顶附近原有倚鳌轩、步鳌坡、揽鳌亭、接鳌门、应鳌石、耸鳌峰等6处石塑古迹,现正修复。

定光塔位于山的西麓。始建于唐天祐元年(904年),俗称白塔。本为木塔,后毁于雷火,重建时将木梯改装在砖轴内,成为砖塔,外涂白灰。

戚公祠在白塔寺东,是福州人民为纪念明代抗倭名将戚继光而建。醉石亭、蓬莱阁、平远台、万象亭、补山精舍为祠内胜景。祠厅建于石岗上,正中有戚继光泥塑胸像,壁上挂着四幅反映戚继光入闽抗倭功绩的历史画图。厅内还陈列了戚继光的衣冠甲胄和其著作等实物。旁有5株苍松,前为平远台,岗台之间有天桥。厅东怪石嶙峋,其中有一块石头平如床榻,上镌"醉石"二字,相传为戚继光醉卧之处。

此图为福州市著名风景旅游区小西湖。小西湖湖水清澈透明,很少巨浪,温柔可亲,犹如一位含情脉脉的姑娘在深情地凝望每一位前来观光旅游的游客。许多游客都说,到福州而不到小西湖,那将是虚走此行。

湄洲妈祖庙

湄洲妈祖庙位于莆田市东南的湄洲岛上。

湄洲岛面积仅 16 平方千米，海岸线长 30 多千米，风光旖旎，人文景观独特。这里滩缓湖平、沙柔水清，现已成为闽东理想的"海上公园"。妈祖实有其人，是宋代湄洲一位乐善好施的妇女，她生前曾救助过许多遇险的船工，死后被百姓封为海神，称为妈祖，又称天后、天妃，成为全球华人渔民的保护神。

湄洲妈祖庙建于宋朝，经历代扩建，今日妈祖庙规模宏大，金碧辉煌，有"海上龙宫"之称。

集美镇

集美位于厦门市北，是一个三面环海的小半岛，是爱国华侨陈嘉庚先生的故乡。集美有大、中、小学多所，校园占了小镇很大部分，因而被称为集美学村，陈嘉庚曾在此办学助教。另外还有科学馆、图书馆、音乐馆、美术馆、体育馆和航海俱乐部等，是名副其实的文化教育中心，也是著名的侨乡。

集美濒临风景秀丽的海滨，建筑集中、西风格于一体，错落有致的楼房和亭榭台阁交相辉映，文化韵味很浓，是一处独具特色的海滨游览区。

集美龙舟赛是集美地区重要的一项体育比赛活动。集美镇滨临厦门湾，有海堤与厦门岛相连。为著名的侨乡，是我国东南小有名气的旅游景点。

江西省

江西省简称赣,位于长江中下游以南。春秋时属楚,秦置九江郡,唐属江南西道,"江西"之名也由此而来。清以后置江西省,面积约 17 万平方千米,人口 4 363 万(2005 年),有汉、回、苗、畲、瑶等民族,省会南昌。

江西省三面环山,北临长江,东有怀玉山、武夷山,南有大庾岭、九连山,西有幕阜山、九岭山、武功山、罗霄山,境内还有著名的井冈山、庐山等,形成一个三面山地丘陵环绕、西北开口的盆地。最高峰是武夷山脉的黄岗山,海拔 2 157 米,丘陵、山地占全省面积的 64%,北部有鄱阳湖平原,南部有吉安平原及许多红土盆地。本省为亚热带湿润季风气候,年降水量 1 300 毫米~1 900 毫米,东北为多雨区。省内河流基本是鄱阳湖水系,赣江、修水、抚河、信江、鄱江为本省五大河流,赣江为本省第一大河,全长 744 千米,鄱阳湖面积 3 583 平方千米,为我国最大的淡水湖,湖水流入长江,对这一地区的灌溉、航运、气候及调节长江水位都有重要作用。

江西省景观概述

JIANGXISHENGJINGGUANGAISHU >>>>>>

江西省的名胜景观大多分布在南昌、九江周围和赣南、赣东北地区。古城南昌的滕王阁是江南三大名楼之一。南昌名胜还有八一起义旧址，百花洲和青云谱。而长江之滨的九江则有庐山和浔阳楼，其中的美景数不胜数；赣东北有瓷都胜地景德镇，道教名山三清山等，美丽的江西省以其秀丽的姿态迎接着四方游客的到来。

南昌市

南昌市位于江西省北部，鄱阳湖畔，是江西省省会。南昌是中国历史文化名城。

南昌四季分明，夏季高温多雨，被称为"火炉"。这里的文化具有悠久的历史，一向被誉为"物华天宝、人杰地灵"。1927年8月1日，南昌起义于此爆发。现有"八一"南昌起义纪念馆、人民广场等革命遗迹。市内名胜古迹还有滕王阁、青云谱和百花洲等。

滕王阁

滕王阁位于南昌市沿江北路，濒临赣江，是江南三大名楼之一。唐永徽四年（653年），唐太宗李世民之弟滕王李元婴在洪州（今南昌）任都督时所建，阁以滕王封号来命名。王勃为此楼所作千古名篇《滕王阁序》，其中的"落

滕王阁建筑规模宏大，造型高雅壮美，如一只展翅欲飞的鲲鹏；登阁远眺，西山苍翠绵延、庐山若隐若现。

霞与孤鹜齐飞,秋水共长天一色",令人叹服,滕王阁也因此序而名垂千古。

滕王阁建筑规模宏大,造型高雅壮美,丹柱碧瓦,画栋飞檐,如一只展翅欲飞的鲲鹏,恢宏之势令人赞叹。登阁纵览,近见古商业街鳞次栉比、高低错落,赣江、抚河浩荡汇流,"南浦飞云"、"章江晓渡"、"龙沙夕阳"景观犹存;远眺西山苍翠绵延,巍巍庐山若隐若现,好一幅壮美的山河图。

梅岭

梅岭又叫飞鸿山,位于南昌市区西北 15 千米处,因西汉梅福在此修道而得名,现为梅岭国家森林公园。这里岗峦起伏、黛峰绵延,主峰洗药坞海拔 842 米,山中林秀竹翠、溪清涧幽,夏季平均气温 22.6℃,比市区低 8℃~10℃,这对"四大火炉"之一的南昌来讲,无疑是一处难得的"清凉世界",故有"小庐山"之称。梅岭自古以来就以奇山、奇石、奇涧、奇水、奇树、奇雾等自然景观吸引着众多文人墨客、达官贵人。

百花洲

百花洲位于南昌市中心"八一公园"内,东湖之中,共有三洲,一洲为市少年宫、省图书馆所在地,处于东湖之中;东面一洲深入东湖湖心,名为苏翁圃;北面一洲叠石成峰,有亭耸于其巅,遂称"冠鳌亭"。百花洲三面环水,景色迷人,其中闻名遐迩的"东湖月夜"及"苏圃春晓"被列入古

以奇山、奇石、奇涧、奇水、奇树、奇雾等自然景观吸引天下游人的梅岭,是一处难得的"清凉世界"。

豫章十景。1949 年这里扩建为八一公园,以百花洲为主景,占地 23.7 万平方米,树木广布,洲上水木清华馆经常展出花卉盆景和书画佳作。东湖经过多次疏浚更显宽阔,湖中更建桥造亭、筑岛修堤,湖光潋滟、亭轩错落,不失为览胜佳境。

青云谱

青云谱位于南昌市郊 6 千米处。青云谱始建于西汉年间,名梅仙祠,原是一座道院,这里古木葱郁,竹径小道,花圃亭树,别有风情。著名画家八大山人就在此隐居,后人仰慕其贤,集资改建为"青云圃",康熙年间改为"青云谱"。八大山人(1626~1705 年)原名朱耷(音 dā),长期隐居青云谱道院当道士,在绘画上独辟蹊径,成为清代水墨写意画派的大师,对后世画家影响很大。

青云谱道院经过修复,现已辟为八大山人纪念馆。纪念馆内有三重神殿,前殿祀关云长,中殿祀吕纯阳,后殿祀许逊——民间传说中的治水斩蛟的许真君。

西藏自治区

西藏自治区简称藏,位于我国西南边疆,1965年9月成立西藏自治区,全区面积123万平方千米,居全国第二位。人口263万(2005年),是我国人口密度最小的省区,其中藏族占92.2%,还有汉、门巴、珞巴、回等民族,首府拉萨。

西藏为青藏高原的主体,平均海拔4 000米左右,是世界上最高、最年轻的大高原,有"世界屋脊"之称。北部是起伏比较和缓的高原,占全区面积的2/3,通称藏北高原,平均海拔4 500米以上,部分为人烟稀少的高寒缺氧区。冈底斯山与喜马拉雅山地之间通称藏南谷地,海拔在4 000米以下,谷地以南直至边境,为喜马拉雅山地,平均海拔6 000米以上,最高峰珠穆朗玛峰海拔8 844.43米,为世界最高峰。

西藏自治区景观概述

XIZANGZIZHIQUJINGGUANGAISHU >>>>>>

西藏既有绮丽动人的雪山、蓝湖和草原牧区风光，又有灿烂辉煌的古代文化遗迹。布达拉宫，是西藏现存规模最大最完整的古代宫殿建筑群。拉萨还有历代达赖"夏宫"罗布林卡、大昭寺等。雅砻河风景区为国家重点风景名胜区，美丽而神秘的西藏，是令许多人魂牵梦萦的地方。

拉萨市

拉萨位于西藏自治区东南部，"拉萨"意为圣地、佛地。元朝称裕萨，清朝为喇萨，1959年设拉萨市，现为西藏自治区首府。拉萨地处高原，光照充足，有"日光城"之称，拉萨悠久的历史和独特的民族与宗教文化，使其成为雪域高原上一颗璀璨的明珠。

布达拉宫

布达拉宫位于拉萨市西北的玛布日山上，是世界上海拔最高的建筑，为西藏历代达赖喇嘛的冬宫。布达拉梵语意为"佛教圣地"，是7世纪时藏王松赞干布与唐联姻，为迎娶文成公主而修建的宫城，宫殿依山砌筑，包括白宫、红宫、雪老城、龙王潭四大部分，共占地41万平方米。宫体主楼为13层，高117.17米，东西长400余米，南北宽140米，红宫居中，白宫分列两翼，整座城堡中宫殿、佛殿、灵塔、经堂、僧舍、平台、庭院一应俱全，五座顶覆鎏金瓦宫殿，在阳光下金光闪闪。

布达拉宫是藏族文化的艺术宝库，中华民族的一颗璀璨明珠，世界文化艺术殿堂中的瑰宝。同时，布达拉宫也是藏民心中的圣宫，西藏的灵魂。

65

罗布林卡

罗布林卡位于拉萨城西,是西藏最著名的园林,全国重点文物保护单位。罗布林卡一带原来是一块秀丽幽静的天然灌木林,从七世达赖至十四世达赖的200年间,经历代达赖的不断修葺扩建,形成今日的宏大规模。全园占地36万平方米,由格桑颇章、金色颇章和达旦米久颇章3组宫殿建筑群组成。每组建筑各有宫区、宫前区、园林区3部分。园内建筑豪华壮美、林木葱茏、繁花似锦。

格桑颇章、金色颇章造型庄严别致,体现了典型的西藏传统建筑风格。达旦米久颇章,不仅具有西藏建筑特色,而且运用了现代建筑技术装饰,风格独特新颖。各宫内藏有大量珍贵文物和内容生动、色彩艳丽的佛教壁画。园内除植有大量常见花木外,还从内地及国外引种了许多珍奇植物,并增设了鹿苑、猴山、鸟禽等来点缀景色。现在这里已成为藏民和中外游人喜爱的游览胜地。在拉萨河边,还有一座与罗布林卡相望,建在河中沙洲上的加玛林卡。

雅砻河

雅砻河发源于藏南地区的措美县,流经琼结县和乃东县,在泽当镇汇入雅鲁藏布江,全长68千米。雅砻河谷两边冰峰高耸,中间为宽阔的冲积平原。河谷平均海拔3500米,气候宜人、土地肥沃、森林苍翠浓密、河流清澈蜿蜒。此处有丰饶的牧场、碧绿的田园、古朴的藏式民居和众多的名胜古迹,风光旖旎,如画如诗。这片美丽的土地,是西藏主要产粮区和风景区。"泽当"藏语意为"猴子玩耍的地方",据《西藏王统计》载,观音菩萨点化神猴,在这里与一个魔女结为夫妻,繁衍后代,逐渐演变成了人。雅砻河流是藏民族的发祥地和民族的摇篮。

作为世界第一高峰,终年冰雪覆盖的珠穆朗玛峰以其雄奇的身姿吸引着中外无数的冒险家、探险者。

云南省

云南省简称云或滇,总面积约 39 万平方千米。南与老挝和越南接壤,西邻缅甸,边境线长达 4 061 千米。云南全省分为 8 个自治州、8 个地级市、9 个县级市、79 个县、29 个自治县。云南是我国民族最多的一个省,这里人口较多的民族有汉、彝、白、哈尼、壮、傣、苗族等。省会设在昆明。

云南因地处云岭以南而得名。战国时,这里曾为滇国地,唐时属于南诏,宋时是一个独立小国——大理国,元代设置了云南行省。

云南省有许多独具特色的少数民族传统节日,如彝族火把节、大理白族三月节、傣族泼水节等。

云南省景观概述

自然风光异彩纷呈的云南自然美景、文化遗迹众多，昆明滇池、大观楼、丽江古城、束河古镇、玉龙雪山等都是云南的名胜。鸡足山、摩崖造像、玉溪龙泉山更是吸引各地游客前来观赏的胜景。

昆明市

昆明三面环山，一面临水，不仅有绚丽的湖光山色，四季如春、温和宜人的气候，还有众多的名胜古迹，丰富的民族文化和多彩的民族风情，而且城市建设颇具风采，街道两旁绿树葱郁，鲜花如云，幢幢高楼广厦鳞次栉比，巍峨高耸，处处体现现代旅游都市的风貌。昆明也是一座新兴的工业城市，有机械、冶金、电力、纺织、建材、电子、轻工、食品等工业。昆明的云绸、云腿、白药、大头菜国内外驰名。著名小吃有过桥米线、烧豆腐、大救驾、凉卷粉等。

昆明是全省铁路、公路、航空交通枢纽，火车、飞机通往全国及世界各地，公路东至贵阳、西达瑞丽、北至四川、南抵河口，四通八达，且十分便捷。

西山

西山又名碧鸡山，位于昆明城西15千米处，濒临滇池西岸，由华亭山、太华山、罗汉山等诸山组成，绵亘40多千米。最高峰太华山高出滇池水面470米，是著名的森林公园。这里峰峦叠嶂、云雾缥缈。远眺群峰，好似卧于云端的庞大睡佛；又如一位仰卧滇池湖畔，青丝垂散的少女，故又称睡佛山或美人山。整个风景区由华亭寺、太华寺、三清阁、龙门、聂耳墓五大景点组成。

华亭寺地处华亭山山腰，始建于元朝，已有900多年的历史。华亭寺殿宇巍峨宏大，布局严谨，是云南境内规模最大的佛寺之一，为西山风景区的中心。山门为一镂空雕花的三层钟楼，两侧有对联，门内有荷花池，也做放生池，池畔有历代华亭寺高僧圆寂塔10余座，并有雨花台。寺内主要建筑有天王殿、大雄宝殿、观音楼等。

太华寺距华亭寺1.8千米，因位于太华山腹地而得名。寺周古松参天，环境清幽，山门外有一株需四五人才能合抱的古银杏树，相传为明建文帝所植。

峰峦叠嶂、云雾缥缈是西山景观的总体特点，殿宇亭台布局严谨、巍峨宏大，在松柏的映衬下，奇中有险，险中有喜。

镶嵌在罗汉山与挂榜山之间的悬崖峭壁上的三清阁，沿陡崖层层上升，上接云天，下临滇池，云盘雾绕，雄奇壮观。

寺内由天王殿、大雄宝殿、缥缈楼、一碧万顷阁、思召堂、映碧榭及水榭长廊构成的一组完美的建筑群。月夜登望海楼，遥望城内灯火万家，月光下的滇池波光粼粼，令人如醉如痴。清晨看朝阳跃出滇池水面，红霞满天，金波闪烁，景色辉煌壮观。寺院内广植古茶花、玉兰花，吐艳山茶如火如荼，这就是著名的太华寺"瞻古迹、赏名花、望滇池、观日出"。

三清阁距太华寺约2千米，镶嵌在罗汉山与挂榜山之间的悬崖峭壁上，是一组9层11阁的建筑群。它们始建于元代，清乾隆、咸丰年间重修，沿陡崖而建的层层殿阁，上接云天，下临滇池，云盘雾绕，松柏森森，11座殿堂里供奉的都是道教神灵，为我国典型的道教建筑群。

龙门是雕凿于罗汉崖悬岩绝壁上的石雕工程，是云南最大、最精美的道教石窟，西山公园为滇中第一胜景，而西山胜景，首推龙门。从山下到龙门垂直高度300多米，要攀1 333级石阶，沿绝壁石阶向上便到了龙门胜景——达天阁，置身于达天阁，可远眺滇池水天一色，俯视身下万丈深渊。

聂耳墓处于太华寺与三清阁之间的半山腰上，这里依山傍水，地势宽敞，松柏苍翠，景色优美。我国著名人民音乐家、中华人民共和国国歌的曲作者聂耳就长眠于此。

建水风光

建水风景区位于建水县境内。这里的建筑充分展现了中国传统的园林、古城、殿宇、寺观、拱桥的布局方式和建造规格。景区分成古城景区、燕子洞喀斯特景区和焕文山红河民族风情景区。古城景区古迹众多，有建水文庙、指林寺、朝阳楼、双龙桥、朱家花园等。燕子洞位于群山之中，地处建水县城东 28 千米处，景区分旱洞、水洞和地面三部分，这里栖居着成千上万的燕子。焕文山坐落在县境南部，森林茂密，珍禽异兽数目繁多。

建水文庙位于建水县城北门附近，是云南省最大的文庙，它于元泰定二年(1325 年)创建，明、清两代根据曲阜孔庙布局先后将其扩建至 7.6 万平方米。文庙中有一殿、二庑、二堂、二阁、三祠、八坊，对称分布，耸立于翠柏苍松之中。庙内有"学海"，这是一个占地约 1 万平方米的大池塘，呈椭圆形。通过八座雄伟壮丽的石牌坊，就来到正殿"先师庙"，"先师庙"于明弘治年间(1488～1505 年)重建。正殿大门有 22 扇屏门，近百种飞禽走兽雕于屏门上，工艺高超。

双龙桥地处建水县城西 5 千米西庄坝的十里平川上，位于塌村河、泸江两河交汇处。因两河宛若蜿蜒衔接的双龙，故得名。清乾隆年间创建了桥北端三孔石桥，道光十九年(1839 年)修建了其余十四孔，俗称十七孔桥，两桥相接，浑成一体。桥长约 150 米，宽 35 米，全用大青石砌成。楼阁是歇山式屋顶，画栋雕梁、雄壮挺拔、景象壮观，号称"滇南大观楼"。底层是桥身通道，沿梯上楼远眺，山川平坝，美不胜收。两桥亭各立于桥两端，约 13 米高。其中北端亭早已毁掉，与阁楼相映成辉。

虎跳峡谷底狭窄，使通过的江水奔腾咆哮，具有雷霆万钧之势，其中蕴藏了极为丰富的水力资源。

贵州省

GUIZHOUSHENG

贵州省简称黔或贵,地处中国西南地区。全省面积约 18 万平方千米,人口 3 831 万(2005 年),省会贵阳。全省分为 2 个地区,4 个地级市,3 个自治州,9 个县级市,56 个县,11 个自治县。贵州的世居民族有汉、苗、布依、侗、土家、彝、水、仡佬、回、壮、瑶、黎、白族 13 个民族。

　　贵州为海拔约 1 000 米的崎峰高原地貌,在云贵高原的东北部。贵州省真可谓是一座巨大的迷人的天然公园,全省的山石、水景、洞穴等自然资源十分丰富,且四季气候宜人,夏无酷暑,冬无严寒,全省大部分地区平均气温在 15℃左右。

贵州省景观概述

GUIZHOUSHENGJINGGUANGAISHU >>>>>>

贵州省山河壮丽，又有丰富的人文景观。安顺黄果树瀑布、水帘洞、水上石林、安顺龙宫等都是本省著名的自然景观。而贵州也是个革命圣地，遵义会议会址、娄山关、红军四渡赤水纪念地都是让后人缅怀的革命圣地。

贵阳市

贵阳市简称筑，在贵州省中部偏南，川黔、湘黔、黔桂、贵昆四大铁路交会于此，为西南最大的铁路枢纽，乌江支流南明河流经市区。为中国历史文化名城之一。作为贵州省省会，贵阳是全省政治、经济、文化和交通中心。

贵阳四周环山，气候冬暖夏凉，是理想的避暑胜地，有"第二春城"之美称。

黔灵山

黔灵山位于贵阳市西北角，

有"黔南第一山"之称。面积达300多万平方米，由象五岭、檀山、百象山、大罗岭等山脉联结而成。这里古树参天，山岗绵延，资源丰富。山中有高等植物1 500多种，名贵药材1 000多种，常见鸟类50多种以及成群栖息的猕猴等。山顶呈凹形，是第四纪冰川期遗迹。麒麟洞是一个石灰岩溶洞，因曾囚禁过张学良、杨虎城两位将军而闻名天下。黔灵山岩石上刻一大"虎"字，字体有6米之高，为清代贵州书画家吴竹雅一笔挥就而成。

弘福寺位于黔灵山顶，建于清康熙十一年（1672年），共有10楹正殿，左右厢也分别为10楹。主要建筑有大佛殿、天王殿、观音殿、关帝祠、德楼及法堂。毗卢龛旁有一尊韦驮像，中殿大门左右各有一尊金刚，前殿置有天王。

白龙洞

白龙洞位于贵阳市城南小东

河畔南郊公园。因洞中钟乳石呈乳白色，洞身曲曲弯弯，宛如一条白龙而得名。洞内钟乳石千姿百态，瑰丽无比，有的像海龟、海马、水蛇，有的像雄狮、大象、麒麟。河中景色变幻神奇，或如"白龙飞舞"，或如"沙僧看马"，或如"石虎归山"。更有一处，水珠密集下泻如水帘，水帘后面另一洞，名水帘洞，内有宫门、抱柱，宛如一座古老宫殿。洞内还有一条地下河，在水帘洞附近形成一个高1米，宽3米的瀑布，瀑布下有圆形水潭。

花溪

花溪位于贵阳市南郊17千米处，南明河龙山峡至小河镇一段，是国内闻名的风景胜地，两岸山峦叠翠，林木葱茏，花艳草碧，溪水清澈，礁石星罗棋布，有曲桥小洲，飞阁幽亭，一派古朴的自然风貌。著名景点有棋亭、柏岭、碧云窝、放鹤洲等。

黄果树瀑布

黄果树瀑布位于安顺市白水河上。这里山峦重叠，林木苍翠，白水河自东北山腰泻崖而下，水流湍急，波浪汹涌，流经黄果树地段时，形成9级18瀑和4个地下瀑。在这些瀑布群中，黄果树瀑布是我国第一大瀑布，也是世界上最壮观、最优美的喀斯特瀑布之一。

黄果树瀑布高67米，宽83.3米，湍急的水流从悬崖之巅飞落直下，雷鸣般的巨响几千米外可清晰听见。飞瀑跌落处，雪涛喷涌，激起的浪花水珠高达数十米，形成飘飘洒洒的蒙蒙细雨，峡谷上下一片迷蒙，忽明忽暗，遇太阳照射，便会出现五彩长虹，霞光遍地。

水帘洞在瀑布后面，高出瀑下的犀牛潭约40米，由6个洞窗，5个洞厅，3股洞泉和6个通道线组成，全长134米。6个洞窗均被水

湍急的水流从悬崖之巅飞落直下，飞瀑跌落处，雪涛喷涌，激起浪花高达数十米，形成飘飘洒洒的蒙蒙细雨，在太阳光的照射下，会出现五彩长虹、霞光遍地。

帘所遮挡。

犀牛潭在瀑布跌落处，两面峭壁，一面是陡坡环绕的深水潭，因传说有神犀潜藏水底而得名。瀑布从悬崖飞泻而下，浪花四溅，潭水墨绿，深不见底，充满神秘气息。

天星桥在黄果树瀑布下游7千米处，瀑水自犀牛潭流到这里便突然钻入地下，在1千米外的冒水潭突然喷涌而出，飞溅的水花形成万条银链，跌入深潭，形成"银链坠潭"奇观。天星桥，就在这段河道之上，这是一个由天然盆景组成的画廊，绵延三四千米，地面石林、石笋星罗棋布，造型千姿百态，石上灌木丛

生,藤萝蔓延,可谓一处巧夺天工的盆景区。水上石林,石之奇、树之怪胜过陆地,水中倒影飘忽,如梦如幻。天星洞中石笋造像更是琳琅满目,八仙过海、天国盛宴、葡萄厅、天星柱都为岩溶造型的杰作。

龙宫

龙宫位于安顺市西南27千米处的响水龙潭,是一个大型暗湖溶洞。此处景区面积非常辽阔,全洞穿越20余座山峰,长3 500米,将前后共90余个洞穴连接起来。因为洞中湖水幽深、异景纷呈,就像有一条老龙居住,故名龙宫。前洞80米为水宫,乘船可连入6个气象殊异的大殿厅,殿内或巍峨壮丽,石林高耸;或穹顶低垂,钟乳石犬牙交错;或如牛鬼蛇神,光怪陆离、令人触目惊心。旱洞位于中洞,后洞则是第二水宫,洞中的瀑布、绝壁、峡道、古树、竹林等使洞中的景致层出不穷,交相辉映。

九龙洞

九龙洞位于黔东铜仁市东17千米的骂龙溪,背依六龙山,面临锦江河。九龙洞长2 248米,面积约7万平方米,分上下两层,由7个大厅12个景区组成,各洞厅相通相连。洞顶石钟乳倒悬,千姿百态,洞中石柱丛生,达数百根之多,各种造像层层叠叠,五彩纷呈,人在洞中如入仙境迷宫一般。

出洞处有一小洞,有长50多米的地下河,流水淙淙,清澈明净,流经洞前,峭壁成百丈飞瀑。河右侧另有一洞,洞内梯田层层,风光掩映其中,远村、近寨依稀可见,一派田园风光。洞外左侧有一对相距很近,直径2.5米的小洞,称为龙眼,一出冷风,一出热风,寒可取暖,热可纳凉。

九龙洞周围层峦叠翠,溪谷幽深,竹海茫茫,绵延数千米。离九龙洞1千米处的莲台峰,雄奇险峻,奇丽壮观,在峰顶可尽览数百米的远山近水、田园村寨。峰上建有莲花寺,有玉皇阁、观音阁等建筑,是黔东湘西著名古刹之一。

梵净山

梵净山又名九龙山、辰山、月镜山、三悟山、三峰,位于贵州东北部江口、印江、松桃三县交界处,海拔2 494米,面积567平方千米。主峰凤凰山海拔2 494米,为武陵山脉最高峰。梵净山因形状颇似饭甑,故又称饭甑山,因其音与梵净相近,明代改为现名。梵净山有原始森林100平方千米,动物资源304种,其中有金丝猴、熊猫、华南虎等13种国家一类保护动物。梵净山为国家重点自然保护区,被联合国教科文组织列入"国际人与生物圈保护区网"。金顶因其在阳光下金光灿灿得名,并因暮霭朝云被夕阳旭日染成红色,又得红云金顶之美称。顶上有一高达90米的石峰,中间一分为二,名为金刀峡,两岸相距仅约3米,峰顶一桥凌空飞架,名天仙桥,下更有释迦殿、弥勒殿遗址和拜佛台、观音洞、舍身崖等胜迹。夕阳和晨曦中,九皇洞和金顶、蘑菇岩一带可见"佛光"奇景。

在这里,暮霭朝云被夕阳旭日染成红色,故名"红云金顶"。站在山顶极目远眺,群峰起伏,绿涛阵阵。

四川省
SICHUANSHENG

四川省简称川或蜀,位于我国西南部,长江上游地区。全省有 18 个地级市、43 个市辖区、3 个自治州、4 个自治县、14 个县级市、120 个县。全省面积约 49 万平方千米,人口 8 595 万(2005 年),有汉、藏、回、彝、羌等民族。省会成都。

全省地形大致以阿坝、甘孜、凉山 3 个自治州的东缘划分为川西高原和四川盆地两部分。高原一般海拔在 3 000 米以上,全省最高峰贡嘎山海拔 7 556 米,高原北部是青藏高原主体的一部分,高原南部峡谷纵列,雪山重叠,为横断山脉北段。盆地地势北高南低,间有平原、丘陵、低山,海拔均在 300 米～700 米。由于地形的巨大差异,全省东、西分属两个截然不同的气候区。省内河流除北部松潘草地各河注入黄河外,均属长江水系。长江为本省最重要河流,宜宾以上称金沙江,以下称川江。雅砻江是长江上游最大支流,嘉陵江、岷江、沱江为长江在四川境内的主要支流。四川少湖泊,以西昌的邛海、滇川边界的泸沽湖及川东升钟水库较著名。

四川省景观概述

天府之国，人杰地灵。风景名胜层出不穷，风景幽秀的青城山、峨眉山，造福万代的都江堰，令人感慨万千的杜甫草堂以及武侯祠，都是令人叹为观止的自然、人文景观。四川省的优美风光使它成为许多人向往的地方。

成都市

成都简称蓉。别称锦城、芙蓉城。四川省省会。市区人口 281 万。中国历史文化名城之一。

成都历史悠久。早在 2500 年前的周朝末期，蜀王就迁都于此，取"一年成邑，二年成都"之意，定名成都。公元前 316 年，秦派兵入川，并巴蜀为蜀郡，并在此设官管理织锦，因此，又称"锦城"。五代后蜀主孟昶曾在成都土城上遍植芙蓉，又被称为"芙蓉城"，1930 年设市。

峨眉山

峨眉山位于峨眉山市西南 7 千米处，距成都160 千米，属邛崃山脉，由大峨、二峨、三峨、四峨四山组成。峨眉山重峦叠嶂，高耸云天，奇峰绝壁，雄秀幽奇，素有"峨眉天下秀"之誉，因其山势逶迤，如蝉首峨眉，细长而美艳，故得名。最高峰万佛顶海拔3 099 米，故有"高出五岳，秀甲九州"之说。山脚至峰顶约 60 千米，石径崎岖盘旋，沿途古木森森。峨眉山与山西五台山、浙江普陀山、安徽九华山并称为我国佛教四大名山。

峨眉山的胜景大致集中于三处：山下有报国寺、伏虎寺、雷音寺及纯阳殿；山腰万年寺、清音阁、黑龙江栈道、洪椿坪、九十九拐、仙峰寺、遇仙寺及华严顶；山顶有洗象池、雷洞坪及金顶。

乐山大佛

乐山大佛坐落在四川乐山市南岷江东岸、凌云山西壁，又称凌云大佛。佛像面水背山，头与山齐，依岩端坐，姿态雄伟而端庄。大佛建于唐开元元年（713 年），由当时名僧海通创建。

乐山大佛高 71 米，头高 11.7 米，肩宽 24 米，颈长 1.7 米，脸宽 7.8 米，眉心吉祥痣直径 0.3 米，共有1 236 个发髻，脚背长 10.92 米。百人可围坐在大佛的脚背上，5 辆大卡车也可一同放在上面，一个脚趾上可摆一桌酒席，被称为"山是一尊佛，佛是一座山"，乐山大佛是世界上最高大的一尊石刻大佛。

石佛像，佛像右侧凿有栈道，盘旋九折至山脚。

凌云大佛体态魁伟，端庄慈祥，为世界上最大的

玉垒关的建筑为典型的清代风格，挺拔俊秀，唐代诗人杜甫游青城山时，曾留下"自为青城客，不睡青城地。为爱丈人山，丹梯近幽意。"的诗句。

青城山

青城山位于四川省都江堰市西南 16 千米处，又被称为丈人山，面积 125 平方千米，海拔 1 600 米。三十六峰形若城廓，环列一体，因为林木苍翠，四季长青，因而被誉为"青城天下幽"。青城山是我国道教的发源地之一，山上有道观 70 余座，被称为"第五洞天"。主要景点有 108 处，其中以天师洞、上清宫、金鞭岩、双泉水帘洞等最为出名。景区内有丰富的资源，其中的瑞圣花、枯枝牡丹、青城茶等奇花名茶更是著称于世。洞天贡茶、洞天乳酒、道家泡菜、白果炖鸡被誉为"青城四绝"。唐代大诗人杜甫游青城山时，曾留下"自为青城客，不睡青城地。为爱丈人山，丹梯近幽意"的诗句。

天师洞是青城山的道观主宫，于隋大业年间（605～617 年）创建，因张天师（张陵）在此讲道，故名天师洞。现存的殿宇多为清代所建。正殿内供奉着刻于唐开元十一年（723 年）的轩辕、伏羲、神农三皇像，楼上有明代浮雕木刻花屏，显示了当时较高的艺术水平。观门左侧那棵古老的银杏树相传为张天师所种，高达数十米，有五人拉手合抱之粗。

天师洞北面的"三岛石"相传是张天师在降魔时挥剑劈成的。宫后二三百米处，有一座古龙桥，桥对面山岩上的那一道深槽，相传是张天师降魔时掷笔形成的，故称掷笔槽。

上清宫位于山顶上，海拔 1 600 米，最早建于晋代。宫内有木刻的老子《道德经》。宫左有一方一圆两井，这两井泉源暗通、互为深浅，因而有人称之为"鸳鸯井"。宫右有一形如半月的水池，晶莹清澈，不竭不溢，水深数尺。仙女麻姑曾在此处沐浴，故名"麻姑池"。

夹江千佛岩

夹江千佛岩位于四川省夹江县城西

古泾口,在东西石壁上排列着200多窟石刻造像。这些佛像依山傍岩,始凿于隋,于唐达到顶峰,延及明、清。它们有的一窟一尊,有的一窟多尊,甚至几十尊、上百尊集于一窟。佛像的大小也不一,大可逾丈,小不及尺,但是姿态各异、造型优美。弥勒坐佛龛的造型精美,比例适度,是众多佛像中最大的,高度达2.7米。毗沙门天王龛及后壁羽人的雕刻栩栩如生,风格独特。左右两壁各有刻云朵的浮雕三层,骑马武士、护法诸天、天龙八部、神骑怪兽及骑马射箭等镌在上面,内容丰富、形象生动。净土变龛内镌270余尊华美严谨的人物形象。其中"极乐世界"一窟内,正中端坐着神态慈祥而沉静的说法佛,佛座后面有构图精美的圆形大背光,两边壁上和顶上各配有人物楼阁和飞天仙女。

此外,这里还有琳琅满目的历代题刻。其中,有一绝壁上刻有"万咏岩"三字。在其周围,遍布横题、竖书、长词、短句。"千佛岩万象庄严"7个大字,是唐代遗迹,现存于悬崖之上。

黄龙

黄龙沟谷位于松潘县城东北35千米,距成都420千米,是川西北高原上一颗璀璨的明珠,与九寨沟分处岷山南、北两侧,两景区虽仅一山之隔,来往却需绕行100多千米。黄龙是一条长7.5千米、宽1.5千米的缓坡沟谷。谷内布满一层乳黄色岩石,远望如蜿蜒于密林幽谷中的一条黄龙,盘旋而上,直奔海拔5 588米高的岷山主峰雪宝顶,沟因此而得名。景区是世界最大的露天石钟乳地貌,无数斑斓的彩池以及周围的雪山、森林构成了一处冠绝天下的名胜。

卧龙山清水秀,自然风光优美,是我国的国宝大熊猫栖息和繁殖的基地。

重庆市
CHONGQINGSHI

重庆,原属于四川省,是中国西南地区的工商业重镇,也是中国西部唯一的中央直辖市。它是在悬挂于联合国大厅的世界地图上仅有标注的中国四大城市之一。

重庆是一座具有悠久历史的文化名城。公元1189年,宋光宗在此先封王,随后登帝位,自诩"双重喜庆",重庆由此得名。抗日战争时期,重庆为国民政府战时陪都。中华人民共和国成立后,重庆于1949年成为中央直辖市,1954年改为四川省辖市,1983年成为中央经济计划单列市。1997年3月,全国人大第八届五次会议批准重庆设立中央直辖市。

重庆拥有丰富的自然资源。煤、天然气、锶、铝土、锰、岩盐和钡等矿产资源的储量、品位在全国占明显优势;列入国家保护的野生珍稀动物近100种,珍稀植物达50多种;重庆还是中国生猪、烤烟、药材、蚕桑、柑橘、长毛兔的重要生产基地。

重庆市景观概述

CHONGQINGSHIJINGGUANGAISHU ≫≫≫

重庆是国家历史文化名城,是全国著名的风景名胜荟萃之地,长江两岸、三峡地区是闻名遐迩的风景画廊,重庆山城之夜也是引人入胜的一景,山城附近还有缙云山、歌乐山等景区及闻名中外的大足石刻。重庆的风景名胜众多,非一言可蔽之。

长江三峡风光

长江三峡是瞿塘峡、巫峡和西陵峡的总称,西起重庆奉节的白帝城,东至湖北宜昌的南津关,全长193千米。三峡以其险峻幽邃的地形,秀美的风光,磅礴雄奇的气势而著称,峡岸有众多的名胜古迹,是中国乃至世界著名的游览胜地,被人们誉为"黄金旅游线"。

瞿塘峡又名夔峡,长约33千米,

白帝城三面环水,一面傍山,驻立在雄伟险峻的山水中,让人不禁想起李白的诗句:"朝辞白帝彩云间,千里江陵一日还。"

其中狭谷段长8千米,以雄奇险峻著称。白盐山、赤甲山对峙大江南北,峭壁悬崖,巉岩摩天。江面宽仅百余米,水流湍急,惊涛拍岸,声似雷鸣,十分险峻。江水至峡口处,"万水争一门",气势十分雄伟,故有"夔门天下雄"之称。

巫峡在巫山及湖北巴东两县境内,全长45千米。两岸青山连绵,群峰如屏,峰回江转,幽深莫测。船行其间,宛若进入了一条天然画廊,景色为三峡之首。屏列于巫峡南北两岸的十二峰,高出江面千米左右,千姿百态,优美秀丽。其中数神女峰最为奇绝、俏丽,它高插云端,下临长江,其峰顶巨石宛若亭亭玉立的少女,兀立于云雾缥缈之中,影影绰绰,含情脉脉。

西陵峡位于湖北巴东至宜昌境内,全长约75千米。整个峡区由几个峡谷和险滩组成,峡中有峡,滩中有滩,滩险水急。两岸奇峰矗立,山色葱茏,清泉飞溅,翠竹梯田,可谓"无峰非峭壁,有水尽飞泉"。过了南津关,即来到长江第一坝——葛洲坝。它似一条巨龙横卧江面,以气吞山河之势,拦蓄着7亿立方米的巨大水量。

白帝城

白帝城位于长江北岸,是三峡西口入川的门户。由于地势险峻,历代为兵家必争之地。白帝城三面环水,一面傍山,驻立在雄伟险峻的夔门山水中,显得格外秀丽。白帝庙内有明良殿、武侯祠、观星亭等古建筑,内有刘备、关羽、张飞的塑像。武侯祠内供着诸葛亮祖孙三代的塑像,祠前的观星亭,传说是诸葛亮夜观星象的地方。明良殿和武侯祠左右两侧藏有各个朝代的名碑,是我国历朝遗留下来的宝贵文物。

HUBEISHENG 湖北省

湖北省简称鄂,位于我国长江中游,洞庭湖以北。春秋时为楚国所有,汉时属荆州,清设湖北省,面积约19万平方千米,人口约6 001万(2005年),有汉、土家、回、苗等民族。省会武汉。

湖北省地势西高东低,三面环山,形成一个向南敞开的不完整盆地,山地、丘陵占全省面积70%,平原占30%。鄂西山地由武当山、荆山、大巴山、巫山等山脉组成,一般海拔在1 000米左右,最高峰神农顶海拔3 105米。北部有大洪山,东北有桐柏山、大别山,东南有幕阜山、九宫山。江汉平原在本省中南部,河道纵横,湖泊密布,与湖南洞庭湖平原相连,合称两湖平原,是我国农业最发达地区之一,自古有"两湖熟,天下足"之说。省内有大、小河流1 100多条,从两侧汇入长江。汉水为长江以外最大河流。湖北省境内湖泊星罗棋布,素有"千湖之省"的称号,其中以洪湖面积最大,约有402平方千米。

湖北省景观概述

HUBEISHENGJINGGUANGAISHU >>>>>>

湖北省名胜众多,著名的武汉东湖,湖面广阔,磨山奇秀,有屈原、楚王、刘备、关羽、李白、岳飞等历史名人遗迹;江南三大名楼之一的黄鹤楼也在本省内。除上述名胜外,武汉东湖、武当山、大洪山、隆中、九宫山等都是列入《世界遗产名录》的风景名胜区。

武汉市

湖北省省会武汉市,市区由武昌、汉口、汉阳三镇组成,位于长江中游,与汉水交汇。市区人口475万。武汉历史悠久,是中国历史文化名城之一。武汉属亚热带湿润季风气候,夏季炎热,有"火炉"之称。

作为我国在长江上修建的第一座两用桥梁,武汉长江大桥经历了许多风风雨雨,今日却古朴依然。

古琴台

古琴台位于汉阳区龟山西麓月湖东畔,连接长江大桥和江汉大桥。湖光山色,十分秀美。古琴台始建于北宋,主建筑"高山流水"厅是一栋单檐歇山顶式的殿堂,堂上匾额悬着"高山流水"四个字,堂中央一块汉白玉石方台上有一石碑,上面的浮雕是伯牙抚琴的场景,十分生动形象。

东湖

东湖风景名胜区坐落在武汉市武昌东郊,由于湖岸曲折,港汊交错,被称为"九十九弯"。东湖南岸校舍林立,山峦叠秀;北岸渔舍井然;东岸丛林郁翠,是疗养佳境;西岸景点集中,风景迷人。九龙墩和唐山隔湖相望,丰姿娇态,各有景趣。东湖一年四季百花常开,所有花卉中,以梅、荷最为出名,品种众多,位居全国之首。

武汉长江大桥

武汉长江大桥横跨于武昌蛇山和汉阳龟山之间,是我国在万里长江上修建的第一座铁路、公路两用桥梁。全长1 670.4米(正桥1 155.5米),桥高80米(自江底到公路)。下层为双轨铁路,包括人行道,宽达14.5米,可容纳2列火车同时对开。上层为公路,包

括人行道，宽达 20.25 米，可并列行驶 4 辆汽车。大桥共有 8 墩 9 孔，每孔跨度为 182 米，经常有巨轮通行。大桥两端的桥头堡高 35 米，分为 4 层，堡内设有电梯和扶梯。武汉长江大桥让天堑变成了通途。

黄鹤楼

黄鹤楼位于武汉市蛇山的黄鹤矶头，与湖南岳阳楼、江西滕王阁合称为中国三大名楼。相传黄鹤楼始建于三国时期，历代屡毁屡建。现在的黄鹤楼是 1981 年重建的，楼址仍在蛇山头。主楼高 49 米，共五层，攒尖顶，层层飞檐，四望如一。底层柱长宽为 30 米，中部大厅正面墙上设有大片浮雕，展现了历代有关黄鹤楼的神话传说；三层设夹层回廊，陈列古代文人有关黄鹤楼的诗词书画；第二、第三、第四层外有四面回廊；五层为瞭望厅，在此可观赏到整个长江的秀美景色。

武昌起义军遗址

武昌起义军遗址又叫红楼，位于武汉市武昌阅马场北部，建于清宣统元年（1909 年）。1911 年 10 月 10 日，孙中山先生领导革命党在武昌举行起义成功后，在此成立军政府，建立中华民国。此楼由两层砖木构成，面阔 73 米，进深 42 米，装饰精致华丽，上层顶端矗立着一个教堂式的瞭望楼，具有西欧古典建筑的风格。铁门上嵌着"武昌起义军政府旧址"几个大字，现为辛亥革命武昌起义纪念馆，设有关于辛亥革命武昌起义事迹的一些展览。馆内有黎元洪卧室、会客室、孙中山会客室和黄兴召开军事会议的地方。院门外还有一座孙中山铜像，建于 1931 年。

武当山

武当山风景名胜区坐落在湖北省丹江口市境内，又名太和山，是我国名山之一。景区方圆 60 平方千米。主峰是天柱峰，海拔 1612 米，山高峰险，洞深谷幽，气势磅礴。历代以来，有许多道教名士曾在此修炼，如汉阴长生、晋谢允、唐吕纯阳（吕洞宾）、五代陈抟、宋寂然子、元张守清、明张三丰等。武当也因此成为我国著名道教胜地，被誉为"仙山神峰"、"洞天福地"，同时也是中华武术内家派武当拳发祥地。

金殿于明永乐十四年（1416 年）修建，重檐叠脊，翼角飞举，殿高 5.54 米，深 3.15 米，宽 4.4 米，仿木构建筑，铜铸鎏金。此殿已有 500 多年历史，虽经多年风雨雷电的袭击，至今仍金灿绚烂如初，体现了中国古代建筑和铸造工艺的高超技术。

殿内陈列着铜铸的神像、几案、供器。殿中真武大帝的像也为铜铸，重达 5 吨。他身着黄袍铠甲，威严肃穆。左右有拘谨恭顺的金童、玉女，列立两厢的水火二将勇猛威严。神案下所置全为铜铸的龟蛇二将，为古代铜铸造像艺术中的瑰宝。

紫霄宫建于明永乐十一年至二十一年（1413～1423 年），是当时在武当山上兴建的三十三大建筑群之一。数百级石阶两旁成排的古柏侍立，宫门、龟碑亭、崇台、大殿、父母殿等建筑连成一片气势雄伟的建筑群。正殿内供奉着许多铜、铁、木、瓷等神像，此外还有经卷等文物千余件。在宫前石阶旁，各有一座雕花石栏的碑亭。亭内有龟驮碑石雕，石龟宽 3 米，高 4 米，长 6 米，用整石刻成。

在武当山回龙观前有一口磨针井。相传当年真武大帝刚来到这里修炼时，因意志不坚定，企图还俗。但在下山的路上，遇到他的师父紫玄君所化的老妇人在此磨铁杵，紫玄君用"铁杵磨成针，功到自然成"的道理点化他。他翻然醒悟，重新返回山中修炼，后终于成仙。现在三清殿前那一对铁杵，八角亭内的那口汲水磨杵的枯井，以及老妇人点化真武帝君磨杵的塑像，即是和这个传说有关的遗迹。

木兰山

木兰山位于汉口北郊 70 千米处的黄陂区境内，在南齐时因满山长满木兰树而更名为木兰山。木兰山庙宇始建于隋，兴于唐，盛于明。先后建成7宫8观36殿，总建筑面积30 000多平方米。庙内有各种神佛像1 000余尊。传说木兰代父从军，立下大功，战争结束后辞去册封，放弃名禄，卸甲还乡，侍奉双亲，九十而终，葬于木兰山北，在那里立有"木兰将军"墓碑。

屈原故里

屈原故里即乐平里，又名三闾乡，位于湖北省秭归县城东北30千米处的屈坪。四周高山环抱，屈河横贯此地，人杰地灵，钟灵毓秀。香炉坪就在乐平里东面山梁下，据说屈原就诞生于此。屈原故里有一个石碑，石碑上写着"楚三闾大夫屈原故乡乐平里"十二字。

屈原（约公元前340～前278年）名平，字原，战国时期楚国人。他是我国最早的爱国主义诗人，担任过楚怀王左徒、三闾大夫等职，主张革新政治，联齐以抗秦，后来由于小人进谗，不为楚怀王重用，郁郁不得志。襄王在位时又遭放逐，在沅、湘流域流浪。当秦兵攻破楚国都城郢的时候，屈原不愿看着祖国受屈辱，投汨罗江而死。

读书洞位于屈原故里响鼓溪左岸，与香炉坪相距约1.5千米。西侧有陡峭如削的响鼓崖，崖上有圆形石台，相传屈原常在此吟诗，故名曰吟诗台；南面响鼓溪，

凌空飞跃，凭高急泻，落入棺潭，似银珠迸雪，其声宛如急催战鼓，扣人心弦。

屈原庙位于香炉坪，这里原是女嬃庙，是祭祀屈原的姐姐女嬃的地方，后因并祀屈原，改称屈原庙。此庙始建于唐元和年间，历代多有废兴，清代重修，1980年再次翻修，新塑屈原像至今仍屹立在庙内。

昭君故里

昭君故里在兴山县城南宝坪村，面临香溪水，背靠纱帽山，群峰林立，岩壑含翠，风景清幽秀美。王昭君，名嫱，西汉时为和亲远嫁匈奴，换得了汉匈间60多年的和平，同时也促进了汉匈之间文化的交流。她虽长眠塞外，但家乡却留下了昭君宅、昭君井、

昭君台、梳妆台、珍珠潭等纪念她的遗迹。

香溪由发源于神农架的九冲河，与龙口河汇流而成。溪水清澈碧透，溪底卵石斑斓，两岸峰峦叠翠，山水似诗，风景如画。

昭君宅占地200平方米，古朴雅致，明净大方，正厅内玉刻的昭君像，端庄秀美，栩栩如生，并陈列了大量纪念昭君的诗词书画。小院内花木扶疏，引人幽思。昭君井又称楠木井，井水清澈甘洌，四季不竭，用此水冲泡昭君村出产的白鹤茶，清香可口，回味无穷，人称龙泉茶。

昭君故里风景清幽秀美，孕育了昭君深明大义的性格和端庄秀美的容颜，花木扶疏的院落，发人幽思。

湖南省

湖南省简称湘,古称潇湘、湖湘、三湘,位于长江中游南岸,因大部分在洞庭湖以南而得名。春秋为楚地,元属湖广行省,清置湖南省,现面积约 21 万平方千米,人口 6 642 万(2005 年),有汉、土家、苗、侗、瑶、壮等民族。下辖 1 个自治州、13 个地级市、16 个县级市、65 个县、7 个自治县。省会长沙。

本省东、南、西三面为山地、丘陵。西北部有武陵山;南部有八面山、阳明山、越城岭、都庞岭、骑田岭等诸山;东有幕阜山、九岭山、武功山及井冈山。湖南是一个美丽富饶的地方。中北部是以洞庭湖为中心的马蹄形盆地,占全省面积的 20%,地势平坦,湖汊交织,湖塘众多,为著名的农业区。省内河流密如蛛网,共有大、小河流 4 700 多条,以湘、沅、资、澧四条河最大,位于岳阳市的洞庭湖为我国第二大淡水湖,总面积 2 740 平方千米。

湖南省景观概述

HUNANSHENGJINGGUANGAISHU >>>>>>

名胜古迹众多的湖南省，山川秀美。这里有"五岳独秀"的南岳衡山、湘西武陵源风景区、岳阳楼、岳麓书院、毛泽东故居等，都是来到湖南不能错过的地方。另外，长沙、岳阳、凤凰城都居于国家历史名城之列。

长沙市

长沙市位于湖南省东部偏北，湘江下游。东邻江西省，南接株洲、湘潭两市。长沙是湖南省省会，全省政治、经济、文化、科技、信息中心，是国务院首批公布的历史文化名城和第一批对外开放的旅游城市。长沙市辖芙蓉、天心、岳麓、开福、雨花五区，长沙、望城、宁乡三县和浏阳市，市区面积556平方千米。

岳麓山

岳麓山在长沙市湘江西岸，古人称其为南岳衡山之足，故名。岳麓山海拔300米，森林繁茂，竹翠花香，风景幽雅，文物古迹甚多，文化积淀深厚。湘江在山下缓缓流淌，可谓锦山绣水，风光无限。著名古迹有岳麓书院、爱晚亭、麓山寺、云麓宫、麓山寺碑、禹王碑等。

岳麓书院在岳麓山东面山下，始建于北宋开宝九年(976年)，是我国古代著名的四大书院之一，南宋理学家张栻、朱熹曾在此讲学，从学者千余人，时有"潇湘洙泗"之称。1903年改为高等学堂，1925年定名为湖南大学，学院历尽千年沧桑，是世界上最早的高等学府。

书院依山而建，占地2.1万平方米，建筑面积近8000平方米，中轴线上排列着院门、赫曦台、大门、二门、讲堂、御书楼，两侧是教学斋、半学斋、湘水校经堂、船山祠、濂溪祠、百泉轩等。左边为文庙，右边有园林花圃。院门匾额"岳麓书院"四字为宋真宗亲题，门两侧有对联"惟楚有材，於斯为盛"。整个书院给人以清新雅致的文化气息。

毛泽东故居

毛泽东故居位于韶山市韶山冲内。1893年12月26日，毛泽东同志在这里诞生。1910年秋，毛泽东同志为寻找革命真理而外出求学；1925年2月，他回乡领导农民并创建韶山党支部；1927年秋，再次回到韶山考察农民运动。1957年6月，毛泽东同志回乡探望，并写下《七律·到韶山》。

毛泽东故居是一座普通农舍，土墙灰瓦，坐落在韶山冲中，四周松苍竹翠。从故居堂屋到右厢房，在卧室、廊檐和碓屋之间，陈列着毛泽东的全家照，地上摆放着各种农具和日常器皿，及毛泽东少年时期用过的水桶、肩担、锄头等。在毛泽东卧室的桌上还摆着一盏油灯。那时候，毛泽东就是在这盏油灯下阅读各种革命书籍的。

岳阳市

岳阳市位于湖南省东北部，洞庭湖之滨，北倚长江，南控湘、资、沅、澧四水。因幕阜山得名，"幕阜亦谓天岳，州据其阳，故谓之岳阳"。它是具有2500多年的历史古城，为历朝历代州郡治所，是商贾云集之处、文人兴会之所和兵家必争之地。岳阳是湖南粮油、棉花生产和淡水鱼养殖基地，洞庭银鱼、君山金龟等名贵水产及湘莲、君山"银针"茶叶、龟蛇酒、羽毛扇等特产在国内外享有盛名。

武陵源

武陵源区由张家界国家森林公园与天子山、索溪峪3个部分组成，总面积达360平方千米。这里混居着汉族、土家族、苗族、白族等民族，约4万多人。武陵源资源丰富，生态完整，具有重要的科学研究价值。武陵源区集中国名山的雄、奇、险、秀、幽、野于一体，作为全国重点风景名胜区和世界自然遗产，已被列入《世界遗产名录》。

张家界位于张家界市城西北，离张家界市约30千米，古称青岩山或马鬃岭。山的最高处海拔1264.5米，这里山石嶙峋，林木奇秀，鸟兽遍布，花草齐全，再加上古道斜阳，溪水深潭，构成了一幅优美宁静的山水画。2000多座高矮不同、大小不一的山峰具有千奇百怪的形状，其中劈山救母、秦桧跪灵、黛玉葬花、济公活佛等山石无不惟妙惟肖，生动逼真。金鞭岩是一座三面垂直、高达300余米的巨大石峰，每当夕阳西照，金鞭岩就金光闪闪直插云天，相传那是秦始皇驱赶百姓修万里长城时留下的"赶山鞭"。黄狮寨为风景区中心，望涧台、望仙台、望峰台等十几个观景台位于其上，气象变化万千。

天子山位于桑植县城东40千米处，与张家界索溪峪相连，也是武陵源区的一部分。这里奇峰连绵，怪石嶙峋，景色引人入胜。崖间一隙喷泉飞流直下

形成瀑布,由于泉水呈黄色,因而被称为黄龙泉洞。一块巨石横卧于两峰峡谷之间,形成天桥。桥下云雾缭绕,深不可测,极为壮观。

索溪峪位于慈利县城西北,索溪蜿蜒曲折,奇特的山石位于溪水两岸,有猛虎啸天、雄狮回头、寿星迎宾、老人岩、三女峰、金龟等等。此外还包括神堂湾、宝凤湖、转阁楼、天子坟等胜景。

岳阳楼

岳阳楼位于岳阳市区,为该城西门楼,与湖北武昌黄鹤楼、江西南昌滕王阁并称我国古代三大名楼。它的前身,相传为三国时东吴名将鲁肃所建的阅军楼。唐开元四年(716年),张说来守岳阳,常与诗友登楼吟诵,岳阳楼因此逐渐闻名。宋庆历五年(1045年)重修岳阳楼,范仲淹特作《岳阳楼记》一文,以"先天下之忧而忧,后天下之乐而乐"的名句传于后世,使岳阳楼成为我国南方一大名胜。岳阳楼高三层,气势雄伟。相传八仙之一吕洞宾南游至此,曾三醉于楼上。岳阳楼左右两侧的三醉亭、怀甫亭是为纪念吕洞宾、杜甫而建。

气势雄伟的岳阳楼坐落在洞庭湖边,"朝晖夕阴,气象万千";"皓月千里,浮光跃金,静影沉璧……"登上岳阳楼,则有心旷神怡之感。

广西壮族自治区

GUANGXIZHUANGZUZIZHIQU

广西壮族自治区简称桂,位于中国南疆,与越南为邻,春秋战国时称为百越(粤)地,秦属桂林郡,部分属象郡,唐属岭南道,宋为广南西路,元属湖广行省,明、清有广西省之称。1958年成立广西壮族自治区,全区面积约24万平方千米。人口4 883万(2005年)。广西是个多民族地区,有壮、汉、瑶、苗、侗、仫佬、毛南、彝、仡佬等民族。自治区首府南宁。

广西地形略成盆地状,石灰岩分布区约占全区面积的一半。因高温多雨,溶蚀成千姿百态的峰林、岩洞,与青山绿水组成一处处山水胜景。自古有"桂林山水甲天下,阳朔山水甲桂林"的美誉。

广西壮族自治区景观概述

广西风光绮丽,桂林、阳朔间漓江两岸山水风景驰名海内外,石灰岩峰林、奇石异洞和青山绿水、村落古镇组成一幅山水人文画卷。桂林山水、芦笛岩、七星岩、唐宋石刻等都是吸引四方游客前来观瞻的著名景点。

在碧水萦回、风光旖旎的漓江边,伸长鼻子饮水的"大象"与成群戏水的鸭子构成了一幅少见的"农舍渔村"图。

南宁市

南宁市位于广西壮族自治区南部、西江支流邕江沿岸。南宁取"粤南永宁之义"。人口278万(市辖区126万,1996年)。有机械、冶炼、化学、食品加工、制糖、造纸等工业。为郁江流域航运要冲和物资集散中心。有广西大学、广西民族学院、南宁师范学院等高等学校及南湖、人民公园、西郊公园、青山、大王滩等游览胜地。

象鼻山

象鼻山位于桂林市漓江和阳江汇流处,因其山形酷似一头站在漓江边伸长鼻子饮水的大象,故此得名。山上有象眼岩,左右对称,极像一对象眼。山下的水月洞刚好分开象鼻和象身,它是桂林市的象征。每到月明之夜,观看水月洞在江中的倒影,酷似皎月浮江,景色独特。

象鼻山东、西两侧都有直通山顶的石级。山顶平展,绿树成荫,北端有明代的普贤塔。此塔为三层喇嘛式实心砖塔,塔身嵌有普贤菩萨像。远看塔似宝瓶,又似插在象背上的一柄剑,所以又被称为瓶塔或剑柄塔。

水月洞内外和临江崖壁上,历代石刻很多,总计50余件,其中宋人题刻居多,如张孝祥的《朝阳亭诗并序》,范成大的《复水月洞铭并序》,以及陆游的《诗札》等,都非常珍贵。

漓江

漓江是中国锦绣河山中一颗璀璨的明珠,是桂林风光的精华,是闻名遐迩的旅游

90

胜地。漓江是桂江上游河段名称，桂江发源于桂林东北资源县，在梧州汇入西江，全长437千米。

桂林到阳朔83千米的一段水程，是漓江上游景色最佳的一段。它酷似一条青罗带，蜿蜒于万点奇峰之间，可谓"青山簇簇水中生，水底倒插青芙蓉"。沿江奇峰倒影，碧水萦回，农舍渔村，风光旖旎。飞瀑、深潭、茂竹、绿洲，这一切构成了一幅绚丽多彩的画卷，人称"百里漓江，百里画廊"。

古今中外，不知有多少文人墨客为之倾倒，并写下了脍炙人口的诗作。唐代大诗人韩愈就以"江作青罗带，山如碧玉簪"的诗句赞美漓江。

独秀峰

独秀峰位于桂林市中心。它平地拔起，孤峰矗立，四壁如削，挺拔秀丽，气势雄伟，故有"南天一柱"之称。独秀峰不仅峰秀，而且洞奇。山麓有许多岩洞，其中最著名的是东麓的读书岩，岩如石室，内有天然的石窗、石榻。古代著名文学家颜延之在桂林当太守时，常在这里读书，故名读书岩。西麓有太平岩，早已被淹没。明嘉靖年间重新开辟，掘出一钱，曰"太平通宝"，太平岩因此得名。

七星岩

七星岩又名栖霞洞、碧虚岩，位于桂林市东普陀山西侧山腰，自古素有"神仙洞府"的美誉。岩洞雄伟深邃，玉雪晶莹，最宽处43米，最高处27米，洞里常年温度在20℃左右，行程800余米。洞内景物丰富，"石索悬锦鲤"像一条金色的鲤鱼，鳞鳍游动，摇头摆尾；"大象卷鼻"如一头大象，甩动翻卷着的长鼻；"银河鹊桥"石崖像一座造型独特的桥，下面的河叫银河，银河两岸的崖壁上，是隔河相望的牛郎和织女，传说每年七月初七他们会在此相会一次；"女娲殿"前有两根石乳凝成的巨大石柱，一根叫不周山，一根叫天柱。此外还有"狮子戏球"、"仙人晒网"、"海水浴金山"等，奇幻多姿，琳琅满目。

漓江酷似一条青罗带，蜿蜒于万点奇峰之间，沿江奇峰倒影，碧水萦回，风光旖旎，可谓"青山簇簇水中生，水底倒插青芙蓉"。

广东省位于南岭以南,南海之滨,宋为广南东路,由此而得省名。全省辖21个地级市、23个县级市、41个县、3个自治县和东沙群岛。全省面积约18万平方千米,人口7 805万(2005年),有汉、瑶、壮、回、满、畲等民族,省会广州。

境内地势北高南低,有向海倾降的斜坡,山地、丘陵约占总面积3/5,台地、平原占2/5。粤北山地主要包括大庾岭、骑田岭、滑石山、瑶山等,海拔在1 000米~1 500米,最高峰石坑崆,海拔1 902米。向东南部山势逐渐降低,有青云山、九连山、罗浮山、莲花山、海岸山等。山间多盆地,沿海有狭窄的平原,最大最著名的是珠江三角洲平原。北回归线横穿本省大陆中部,主要河流有珠江、韩江、漠阳江、鉴江等。珠江包括西江、北江、东江,是本省最大河流,流量在我国仅次于长江。潼湖为本省最大的天然湖泊。

广东省人杰地灵,山清水秀,风景名胜很多,具有众多的文物古迹和革命遗址。

广东省景观概述

GUANGDONGSHENGJINGGUANGAISHU >>>>>>

广东山清水秀，四季常春，多风景名胜。南海西樵山奇洞、天湖、瀑布、古寺兼备，道教名山罗浮山、清远飞来峡、广州白云山等著名风景区齐集于此。广州市一年四季鲜花盛开，气候宜人，风光旖旎；名菜佳肴别具风味，名胜古迹众多。主要名胜有：三元里抗英烈士纪念馆、黄花岗烈士陵园、中山纪念堂、白云山、越秀山、陈家祠、光孝寺、镇海楼等。

广州市

广州简称穗，也称羊城，地处广东省中部、珠江三角洲北部，跨珠江两岸，京广、广深、广三铁路交汇于此，是我国华南地区最大的城市和经济贸易中心，本省政治、经济、文化、交通中心，也是一座古老而美丽的城市。

越秀公园

越秀公园是广州市最大的一座综合性公园，占地92.8万平方米，位于广东省广州市越秀区北面。园中有东秀湖、北秀湖、南秀湖3个人工湖，湖水面积总共达56 000平方米。

越秀公园原名叫做观音山，得名于观音寺。观音寺为明永乐年间（1403～1424年）都指挥使花英所建。这里历来就是游览胜地，山上保留着许多文物古迹。越王井和越王台是2 000年前的南越王赵佗的遗迹，此外还有汉代的南越王赵眜墓、晋代的越岗院（遗址即今之三元宫）、南汉的呼銮道、明代的镇海楼和城墙、清代的王兴将军墓，近代的有越秀炮台、四方炮台等古迹。越秀山被辟建为公园后，海员亭、光复纪念亭、中山纪念堂、中山纪念碑、"孙先生读书治事处"碑等纪念革命的建筑先后在此建成。1950年后，五羊石像、金印儿童游乐场、"松霄阁"和"星河座"等也兴建起来。其中"松霄阁"和"星河座"位于广州最高的游乐场——电视塔上。花卉树木的大面积种植，亭台楼阁的大批建造，3个人工湖的开凿为越秀公园增色不少。

镇海楼是广州有名的古建筑，也是越秀山上的一大景点。它修建于明洪武十三年（1380年），距今已有600多年了。

镇海楼共5层，高28米，又叫"五层楼"。登楼远眺，整个广州城尽收眼底。过去这里是封建官僚、军阀的游玩作乐之所，如今它已被改成广州博物馆，从古至今的广东陶瓷器就陈列在馆中。其中有新石器时代的彩陶，距今已有6 000年的历史；还有出土于广州汉墓的陶器、竹器；1 200余件唐宋至清代的白瓷、青瓷、青花瓷以及彩瓷等。此外，广东历代名人简介及近代革命史略也陈列在其中。

深圳市

深圳市位于广东省南部、九龙半岛中部，与香港新界接壤，由于河沟深邃而得名。清康熙七年在此地建深圳墩台，原为宝安县地，1979年设市。深圳是我国新兴的经济特区，是我国对外贸易和国际交往的重要口岸。

深圳具有优越的地理位置，依山傍海，冬季干燥较冷，夏季高温多雨。深圳拥有丰富的旅游资源。海滨沙细松软，海滩平阔；除自然风景外，这里还有许多新建景点，如世界之窗、锦绣中华、中英街等。

世界之窗

1994年建成的世界之窗，地处深圳西郊，毗邻"锦绣中华"和"中国民俗文化村"，占地48万平方米。它将世界奇观、古今名胜、历史遗址、自然风光、各国民居、异国雕塑、民俗风情、民间歌舞等汇于一园，让游人通过世界之窗，了解大千世界的美妙奇观。

世界之窗景区按世界地域结构和游览活动内容分为世界广场、亚洲区、太平洋区、欧洲区、非洲区、美洲区、现代科技娱乐区、世界雕塑园、国际街等9大景区。园内建有118个景点，其中包括世界著名的景观如埃及金字塔、卡纳克·阿蒙神庙、柬埔寨吴哥

窟、美国大峡谷、巴黎凯旋门、梵蒂冈圣彼得大教堂、印度泰姬陵、澳大利亚悉尼歌剧院、意大利比萨斜塔等。这些景点分别以1：1、1：5、1：15等不同比例仿建。即使缩小为1/3比例的法国埃菲尔铁塔也高达108米，可乘观光电梯到塔顶，饱览深圳和香港的风光。

这里既可品尝到法国、意大利、奥地利、俄罗斯、日本、泰国、韩国等不同风味的大餐，还可喝到德国啤酒，吃到夏威夷雪糕。在这里可选购世界各国的工艺品和旅游纪念品。

夜晚，景区内展现另一种迷人的异国情调。由世界民族歌舞和民俗节目组成的"狂欢之夜"艺术大巡游，把景区游园推向高潮。

中英街

中英街位于深圳沙头角镇内，街长250米，仅宽3米。甲午中日战争后，中英街中心被划定为中港界线，一半由中方管辖，一半由港英当局管辖。20世纪30年代，伴随地界两边商品活动的频繁，中英街取代了中英地界。曲尺形的中英街，中轴有7块距离不等的界石。界石有72厘米高，下宽36厘米，上宽30厘米，界石的两面分别用中、英文刻上界石顺序号、立石时间。如今的中英街两边商店林立，各种商品琳琅满目，已是一个旅游热点和繁华的商品贸易地点。1997年7月1日香港回归，中英街便从此成为了历史。

中英街的牌坊依然竖立在那里，它是一段历史的见证，更是一段记忆的烙印。

海南省简称琼,位于中国最南端,北隔琼州海峡与广东省相望。省会海口。全省辖海口、三亚2个地级市、6个县级市、4个县、6个自治县。全省面积约3.4万平方千米,包括海南岛和西沙群岛、南沙群岛、中沙群岛的岛礁及其领海。1988年,海南岛设立为海南经济特区,现有人口806万(2005年),其中少数民族约139万。

海南省是一个海岛型地区。海南岛是中国第二大岛,中部为五指山,沿海平原台地占全岛面积的三分之二。

海南岛地处日本、新加坡之间的西太平洋环行带上,海上交通和旅游业发展前景广阔。主要旅游城市有海口、三亚。主要名胜古迹有海瑞墓、五公祠、东坡书院、东郊椰林等。

海南省景观概述

海南省以绮丽的热带海岛风光驰名中外，是著名的休闲度假圣地。三亚热带海滨风光旖旎，亚龙湾、天涯海角、大东海、南山寺文化旅游区驰名中外。此外还有东坡书院、海瑞墓等 14 处全国重点文物保护单位。

海口市

海口地处海南岛北部，因位于海南岛南渡江入海口而得名，是海南省省会，是全省政治、经济、文化、交通的中心。海口市区人口 76 万。

海口地处热带，属海洋性气候，夏长冬短，午热夜凉。

海口是海南省重要对外贸易口岸，经过多年的建设，旧貌变新颜，一座座高大的楼房拔地而起，一座新兴的热带海滨城市出现在祖国的南方。

阳光、海水、沙滩、绿树是海南岛独具特色的景观，曲折多弯的海岸线、风光旖旎的海滩浴场令人陶醉，让人留连忘返。

五公祠

五公祠位于海口市东南 4 千米处，建于清光绪十五年（1889 年），是为纪念被贬到海南的唐宰相李德裕及宋朝抗金英雄李纲、李光、胡铨、赵鼎五人而建。这组古建筑群包括五公祠主楼、苏公祠、洞酌祠、琼园亭等。

祠堂建筑面积为 450 平方米。主楼为一座两层的红色楼阁，单式斗拱，是典型的清代建筑。匾额悬于楼下正门

上，上书"五公祠"三字，楼上则悬横额"海南第一楼"。五公灵位设在楼上正厅内，楼下厅中则有五公石雕像，厅内还有楹联"只知有国，不知有身，任凭千般折磨，益坚其志；先其所忧，后其所乐，但愿群才奋起，莫负斯楼"。

东坡书院

东坡书院位于海口市西 180 千米的儋州市中和镇，是宋代文学家苏东坡贬居海南时的遗迹，时称"载酒堂"。北宋元符元年（1098 年），即苏东坡抵儋州的第二年，儋州守官张中为东坡建造此堂，成为海南文人雅士与苏东坡诗酒聚会的场所。清代改称"东坡书院"，后人立东坡塑像以示纪念。

三亚市

三亚市位于海南岛的最南端，是世界上排名第二的最洁净城市，为海南岛南部各县物资转运中心，也是海南鱼盐的主要基地。地处热带，高温多雨，城市依山面海，风景秀丽，市区人口25万。三亚是我国独具热带风光的海滨城市，阳光、海水、沙滩、绿树无与伦比，是国内最佳避寒胜地。曲折多变的海岸线、怪石嶙峋的海礁、大型旖旎的海滩浴场，令人陶醉，留连忘返，有"不是夏威夷，胜似夏威夷"之说。主要景胜有亚龙湾、大东海、鹿回头、南山寺、大小洞天、天涯海角等。

亚龙湾

亚龙湾位于三亚市区东南20千米处，此处海湾绵延数千米，似初升月牙，故此得名。这里风平浪静，沙粒洁白细软，海水清澈澄清，常年可以游泳。海滩遍地布满奇形怪状的海石花。远眺大海，蔚蓝皎洁，海阔天空，水天一色，有"三亚归来不看海，除却亚龙不是湾"的美誉，海上有野猪岛、东西洲等岛及亚龙、锦母角可以攀岩，还可以进行各种水上活动。

天涯海角

天涯海角位于三亚市西郊16千米处，这里是海南岛陆地的最南端。海边的沙滩上布满了奇石，其中有2块最高大的青石，上面分别刻有"天涯"、"海角"4个红色的隶体大字。这个地方被称为"天涯海角"，并不是古人真的以为这就是"天之涯"、"海之角"了，而是在中国漫长的封建社会里，海南岛是被用来流放犯人的地方。"充军"到这里来的人历尽跋涉之苦，才能够到达这里，九死一生。人们从这种心情出发，把这里说成是"天涯海角"。

怪石嶙峋的海礁、汹涌澎湃的海水、兴致盎然的游人构成了人与自然和谐的画面，海与人的缘分似乎是生来注定的。

香港特别行政区

香港得名于香江,位于中国东南端,毗邻广东省,正好在北回归线南方,由香港岛、九龙半岛、新界及 260 多个离岛所组成。在鸦片战争后,香港曾被英国殖民者统治长达 155 年,1997 年 7 月 1 日正式回归中华人民共和国。回归后,香港成为中华人民共和国的一个特别行政区,按照"一国两制"的方针,仍然享有高度的自治权。香港的现代化气息浓郁,经济、通讯、科技、交通、生活、娱乐都处于世界发展水平的前沿。

香港属于亚热带气候,春季平均温度为 23℃,宜穿着薄外套或毛衣;夏季平均温度为 28℃,炎热潮湿,宜穿着短袖衬衣及棉质衣裙;秋季平均温度为 23℃,天气晴朗干爽,宜穿衬衣及轻便外衣;冬季平均温度为 17℃,天气清凉,宜穿套装及薄毛衣。秋季是到香港旅游的最佳时间。

香港特别行政区景观概述

香 港是亚太地区著名的国际旅游胜地。市容繁华，又多风景胜地，港岛上的太平山有山顶公园，可眺望港岛、九龙、维多利亚港区；海洋公园建在香港岛南部深水湾畔，是著名的海洋动物博物馆和水陆游乐园。此外还有大屿山宝莲寺、香港迪斯尼乐园等。

天坛大佛

天坛大佛位于香港大屿山上，因基座仿照北京天坛圜丘设计并面向北京而得名，是世界上规模最大的露天青铜佛祖坐像。大佛高 34 米，由 200 块铜铸件构成，重约 250 吨，占地面积达 6 567 平方米，于1993 年开工。大佛造型庄严祥穆，左手作"与愿印"，右手作"无畏印"，佛祖普度众生的慈悲之心塑造得惟妙惟肖，令人肃然起敬。

⬇ 香港海洋公园的南望山公园是海洋公园中最富特色的部分，海狮和海豚的表演是游客不能错过的精彩节目。

海洋公园

海洋公园位于香港岛南部深水湾西，三面环海，占地 87 万平方米，是亚洲最大的海洋公园，分黄竹坑公园和南望山公园两部分，中间以空中缆车和自动阶梯连接。

黄竹坑公园风景秀丽，丰富多彩，有蝴蝶居、金鱼馆、天幕剧场、水上乐园、世界花园以及可令你漫游 5 000 年中国历史的集古村。

南望山公园是海洋公园最富特色的部分，设有海洋馆、海洋剧场、海涛馆、鲨鱼馆及摩天巨轮、翻天飞鹰、摩天塔等许多游乐设施。海洋剧场依山而设，有 3 500 个座位，在此可观赏到海狮、海豚的精彩表演；海洋馆是世界上最大的珊瑚环礁水族馆，400 多种热带鱼令人目不暇接；海涛馆波涛起伏，拍岸有声，海洋动物的自然生活状态可一览无余。

澳门特别行政区

澳门总面积为 23.5 平方千米,位于珠江和西江三角洲的南段,包括附近的两个小岛。澳门半岛呈狭长带状,与广东省珠海市的拱北街道相连,南北约长 4 000 米,东西最宽约 1 800 米。澳门的土地有一半左右是填海而造的,平坦地较少。

澳门原来是广东省香山县的一个小渔村。1887 年,澳门被葡萄牙占领。1999 年 12 月 20 日,中华人民共和国收回了对澳门的主权,并将其设置为特别行政区。

澳门特别行政区景观概述

澳门是世界著名的博彩旅游胜地。主要名胜有妈阁庙、观音堂、白鸽巢公园、大三巴牌坊等，其中妈阁庙是澳门最古老的中国式庙宇，而大三巴牌坊上所有的雕刻和镶嵌则溶汇了东、西方建筑艺术的精粹。

大三巴牌坊

大三巴牌坊位于大炮台山西侧，是澳门最有代表性的名胜古迹，也是澳门的标志。它是圣保罗教堂前壁，我国古称三巴寺，建于 1602～1637 年，1835 年遭大火焚毁，仅存前壁，当地人因其大致形似中国牌坊，故称大三巴牌坊。牌坊正面分 5 层，每层都有各具不同圣灵意义的人物雕像和花卉、动物浮雕。雕刻细腻精美，栩栩如生，有"立体圣经"之称。前壁广场连接 68 级宽大石阶，沿山坡而下，造型典雅，富西方宗教艺术色彩。

💧 大三巴牌坊是澳门的标志，雕刻细腻精美，栩栩如生，有"立体圣经"之称。

妈祖阁

妈祖阁坐落于澳门特别行政区的妈阁庙前地，在半岛的南端，妈阁山的西南，海拔 73 米，又称天后庙、妈阁庙，是澳门最古老的一座古刹，于明弘治元年（1488 年）创建。

庙宇背山而建，面临大海，周围古木参天，风光优美迷人。大殿、弘仁殿、观音阁等是庙宇的主要建筑。弘仁殿是其主殿，建于危岩巨石之间。殿堂是用石窟凿成，在殿内四壁上，还雕刻着海魔神将，而天后神像则在中央供奉。由弘仁殿到居于最高处的观音阁，沿着山崖有不少由历代骚人墨客题咏的石刻。据称，葡萄牙人于 400 多年前初抵澳门时，即在庙前登陆，问当地居民地名，居民回答："妈阁。"葡萄牙人以音译为"MACAO"，澳门葡文名称便由此而来。

台湾面积约为 3.6 万平方千米，位于中国东南部海上。主岛台湾岛，西临台湾海峡，与福建、广东两省遥对。西北部与大陆海岸最近处距离约 140 千米，南距菲律宾吕宋岛约 350 千米，东北距冲绳岛 600 千米左右。岛上人口中以汉族最多，另外还有高山族等。

台湾自古就是中国的领土。1661 年郑成功率兵驱逐外来侵略者，收复了台湾。清朝初年在台湾设府，属福建省。光绪年间，清朝廷在这里设置了行省。台湾历来被称为"美丽的宝岛"。全省划分为北部、中部、东部和南部四大旅游区域。

台湾省景观概述

TAIWANSHENGJINGGUANGAISHU »»»»

美丽的宝岛台湾，风景名胜众多。双潭秋月、阿里云海、玉山积雪、大屯春色、安平夕照、清水断崖、鲁阁幽峡、澎湖渔火为台湾八处有名的景观。

日月潭

日月潭位于台湾省南投县鱼池乡，是由阿里山涧和玉山的断裂盆地积水而形成的，被赞为台湾胜景之冠，为台湾省天然第一大湖。湖中有一个小岛，以岛为界，南半湖状似新月，北半湖形同日轮，"日月潭"之名由此而来。四周不仅有翠山环抱，林木葱郁，而且山水相映，白云缭绕，别有一番景致。特别是每当夕阳西下的时候，湖中就会烟霞四起，继而明月东升清辉满湖。

日月潭的四周被翠峰环抱，湖水碧蓝，湖面曲折逶迤，优美如画，被誉为台湾八大景中最佳的一景。在日月潭四周的群山中，还存有潭北山腰的文武庙，庙中供奉着孔子像、文昌君和关公像；在潭南有青龙山，山中有玄中寺，寺后有一多达 1 300 级的石阶，沿石阶而上，即可看见建于 1964 年的玄奘寺。唐代高僧唐玄奘的遗骨就被供奉在寺中小塔里。在潭

阿里山下的潭水映照着周围的美景，呈现出阿里山另一副柔情的面孔。

西有一座孔雀园，这里有许多经过训练的孔雀，每天表演开屏、跳舞和敬礼。

阿里山

阿里山位于嘉义县东北，是尖山、祝山、塔山等 18 座山的总称，东面靠近台湾最高峰玉山。阿里山的森林、云海和日出，被称为

三大奇观。这里出产世界罕见的高级建筑木材，台湾杉、铁杉、红桧、扁柏和小姬松，被称为阿里山特产"五木"。山上有高山博物馆，陈列各种奇木异树。高山植物园内种有热带、温带、寒带数百种植物，这些树木时而像连绵起伏的冰峰从谷中冒出，时而像波涛汹涌的大海，从天外滚滚而来。